KB213767

내
언어습관이
어때서!

글 박신식 | 그림 강주연

● 작가의 말 ●

올바른 언어습관은 힘이다

하루 생활을 돌이켜보면 우리는 수많은 말하기와 듣기, 쓰기의 언어생활을 하면서 다른 사람과 소통하며 살아가는 것을 알 수 있어요. 그래서 사람을 언어적 존재라고도 하지요.

이처럼 우리가 여러 종류의 사회 속에서 행복하게 살아가기 위해서는 언어로 자신의 생각과 감정을 분명하게 표현하고, 다른 사람의 생각과 감정을 제대로 이해할 수 있어야 해요. 그래서 우리는 무엇보다 올바른 언어습관을 갖는 것이 중요합니다.

또, 올바른 언어습관은 상대방의 마음을 열어 감동을 줄 수 있는 힘이 되고, 정보를 제대로 전달하여 상대방을 설득시키는 힘도 있어 상대방을 이끄는 힘이 되기도 하지요. 때문에 '올바른 언어습관'이 자신의 또 다른 '힘'이 될 수 있다는 것을 꼭 기억해야 합니다.

그렇다면 올바른 언어습관을 가지려면 어떻게 해야 할까요?
먼저 올바른 언어습관을 갖기 위해서는 자신의 잘못된 언어습관을 찾고, 무엇이 잘못되었는지 깨달아야 합니다. 그리고 그 후에 잘못된 습관을 고치며 올바른 언어습관을 갖도록 노력해야 하지요.
친구들이 이 책을 읽으며 주인공 주영이의 생활을 따라가다 보면 자신의 잘못된 언어습관을 찾게 될 거예요. 그리고 '술술아나운서의 한마디'와 '유창한 법칙'을 통해 올바른 언어습관을 이해하고 바르게 고쳐, 자신도 모르는 사이 올바른 언어습관을 가진 멋진 어린이가 되어 있을 거예요.

술술아나운서 박 신 식

차 례

1장 내가 말하는 게 어때서?

2장 이것도 나쁜 언어습관이라고?

말은 왜 그 사람의 얼굴이라고 할까요?

말을 하면 그 말은 자신에게 좋은 일이나 나쁜 일로 되돌아와요. 그래서 현명한 사람은 다른 사람의 말에 귀를 기울이고, 말하기 전에 한 번 더 생각해서 자신의 말에 책임지려 해요. 하지만 어리석은 사람은 혼자 생각하고, 생각나는 대로 말을 해서 자신과 다른 사람에게 피해를 주지요.

즉, '말이 곧 사람의 얼굴'이라는 것은 '말하는 것을 보면 그가 어떤 사람인지 알 수 있다'는 뜻이랍니다.

나도 모르게 유행어나 욕이 나와요

이야기의 분위기를 살리기 위해 사용한 유행어가 의사소통을 방해하기도 하고, 친밀감에서 나온 욕이 상대방의 기분을 나쁘게 할 수도 있어요.

따라서 유행어나 욕을 사용하고 있다면 이런 말들을 사용하지 않기 위해 노력해야 해요. 특히, 욕은 스스로 화를 다스려 욕하는 상황을 줄이고, 친밀감을 표현하기 위한 방법으로 사용하지 말아야 해요.

유행어나 욕을 줄여 바르고 고운 말을 사용하면, 깊이 있는 대화로 인간관계를 맺는 데도 도움이 된답니다.

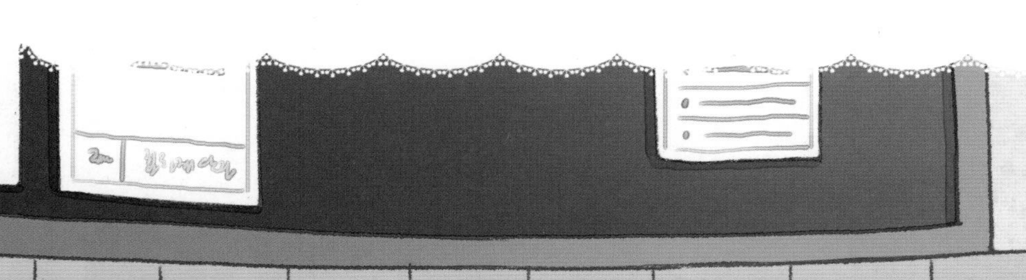

말을 할 때 장소나 상대에 따라 왜 다르게 해야 할까요?

같은 말이라도 언제, 어디서, 누구에게 하느냐에 따라 뜻이 달라져요. 이는 때와 장소에 따라 상대방의 처지가 달라지기 때문이지요. 인사말은 상대방에 따라 높임말이나 예사말로 다르고, 때로는 인사말이 상대방을 방해하거나 상대방의 입장을 난처하게 만들 수도 있지요.

이처럼 때와 장소, 상대에 따라 다르게 말하는 것은 말하는 예의이며, 상대방을 제대로 이해하는 방법입니다.

좋은 언어습관을 들이고 싶어요

먼저 말하기와 듣기가 중요하다는 것을 깨닫고 자신의 좋지 않은 언어습관을 찾으세요. 그리고 좋은 언어습관으로 바꿀 수 있도록 자꾸 연습해야 하지요. 그리고 늘 긍정적이고 예쁜 마음을 가지세요. 그러면 긍정적이고 예쁜 말이 나오기 때문이에요.

즉, 자신의 언어습관 중에서 장점은 살리고, 단점을 고쳐나가다 보면 자신도 모르게 좋은 언어습관을 가지게 된답니다.

1장

내가 말하는 게 어때서?

내 자세가 어때서?

인사를 잘해야 한다고?

친한데도 높임말을 써야 해?

잘 듣는 게 말하는 것보다 중요하다고?

욕도 대화라고?

1. 내 자세가 어때서?

'콩닥! 콩닥!'

가슴이 떨렸다.

'아이들 앞에서 자기소개하는 것뿐이잖아? 왜 앞에 나가서 해야 하는 거야? 아이들이 날 모르는 것도 아닌데, 그냥 자기 자리에 서서 말해도 되는 거 아냐?'

아이들이 하나 둘 앞으로 나가 밝은 모습으로 자기소개를 했다.

"저는 축구를 좋아합니다. 친구의 공을 받아서 골을 넣을 때는 하늘을 날아갈 것만 같습니다."

"저는 바이올린을 잘 연주합니다. 모차르트의 곡을 연주할 때에는 마음이 편안해집니다."

자기소개가 끝날 때마다 박수가 울려 퍼졌다. 영호가 축구를 좋아하는 건 알았지만, 미연이가 바이올린을 연주한다는 건 오늘 처음 알았다.

"이제 문주영이 앞에 나와서 자기소개를 해 보세요."

내 차례가 되었다. 느릿느릿 나가며 아이들의 얼굴을 휘둘러보았다. 수십 개의 눈이 나만 쳐다보고 있었다. 쑥스러워졌다. 고개를 푹 숙이고 교탁에 몸을 기댄 채 교탁만 내려다보았다.

"저는…… 책 읽는 것을……."

한 손으로 교탁을 살살 긁으며, 다리를 배배 꼬고 서서 몸을 흔들자 덜 떨리는 것 같았다.

순간 여기저기서 키득거리는 소리가 들렸다. 잠시 머릿속이 하얘졌다. 내가 무슨 말을 했는지 잘 기억이 나지 않았다. 하지만 고개를 들고 자리에 들어갈 때 아이들은 나를 쳐다보지 않고 있었다. 박수 소리도 들리지 않았다.

"주영이는 교탁과 이야기하는 자세가 남다르군요."

선생님의 말에 아이들이 배꼽을 쥐며 깔깔깔 웃었다.

'내 자세가 어때서?'

아이들의 웃음소리가 커질수록 내 얼굴은 점점 더 빨개졌다.

주영이처럼 여러 사람 앞에서 발표해 본 적이 있나요? 그때 기분은 어땠나요? 여러 사람 앞에 서서 말하는 것은 누구나 떨리는 일이에요.

발표를 잘하기 위해서는 '난 잘할 수 있어!' 라는 긍정적인 마음과 함께 실제로 많은 연습이 필요해요. 이렇게 연습하다 보면 마음의 여유가 생겨 실제 상황에서 자신 있게 발표할 수 있게 되지요.

여러 사람 앞에서 발표할 때는 먼저 적당한 속도로 걸어나간 뒤 중앙에 자리 잡고 인사를 하세요. 그리고 자신감 있는 밝은 표정으로 듣는 사람들을 고루 쳐다보세요. 발끝을 내려다보거나 주위를 향해 이리저리 고개를 돌리는 것은 산만해 보여 좋지 않아요.

또, 서 있을 때에는 발을 11자 형태로 만든 뒤 자신의 발 크기만큼 벌리는 것이 좋아요.

이처럼 발표하는 동안 시선이나 자세를 바르게 하면, 듣는 사람의 시선을 자신에게 집중시켜 말하려는 내용을 더욱 효과적으로 다른 사람에게 전달할 수 있답니다.

유창한 법칙

말하기 연습하기

1 거울을 보고 말하기

거울 속의 나를 보며 표정, 손동작 등을 연습하거나 동영상을 활용해 자신의 모습을 촬영해 보는 것도 좋아요.

2 책을 큰 소리로 읽기

책을 또박또박 큰 소리로 읽고, 책의 내용을 친구나 가족들에게 또박또박 이야기해요.

3 리포터가 되기

오늘의 날씨, 엄마가 음식을 만드는 모습 등을 리포터처럼 종알종알 말해 보아요.

4 육하원칙을 지키며 말하기

'누가, 언제, 어디서, 무엇을, 어떻게, 왜'에 맞춰 순서대로 말하는 습관을 기르세요.

5 말의 끝맺음을 잘하기

말을 끝맺을 때 '~니다'라고 말하며, 말끝을 흐리지 않고 뚜렷하게 끝맺을 수 있도록 해요.

자기소개 하기

빈칸에 들어갈 말을 적은 뒤 거울을 보거나 녹음하는 방법으로 자기소개 연습을 해보세요.

안녕하세요?

제 이름은 ______ 입니다. 저는 ______ 년 ____ 월 ____ 일에 태어났으며, 혈액형은 ____ 형입니다.

저의 장래희망은 ______ 이 되는 것입니다.
그 이유는 ______ 때문입니다.

제가 가장 잘하는 것은 ______ 이고,
좋아하는 과목은 ______ 입니다. 또, 좋아하는 음식은 ______ 이며, 좋아하는 색깔은 ______ 입니다.

친구들은 제 성격을 ______ 하다고 하는데,
제가 생각하기에 저는 ______ .

감사합니다.

2. 인사를 잘해야 한다고?

청소를 끝내고 선생님을 찾았지만 보이지 않았다. 복도에 나가 다른 반을 기웃거렸다. 옆 반에서 선생님이 다른 선생님들과 회의를 하는 것이 보였다.

유리창에 고개를 쓰윽 내밀며 선생님 주의를 끌었다. 그러자 여러 선생님이 동시에 나를 쳐다보았다. 담임선생님과 눈이 마주쳤다. 그러자 선생님이 나를 보고는 가라는 듯 손짓을 했다.

"선생님, 안녕히 계세요."

기분이 좋아서 손을 흔들며 큰 소리로 씩씩하게 인사를 했다. 그러자 모든 선생님이 고개를 돌려 날 쳐다보았다. 순간 선생님이 이맛살을 찌푸렸다.

"선생님, 수고하세요."

나는 고개를 갸웃거리며 다시 환한 얼굴로 인사를 했다. 그러자 선생님 얼굴이 붉으락푸르락 변했다. 무얼 잘못했는지 잘 모르겠지

만, 가만히 있으면 혼날 것만 같은 분위기였다. 재빨리 선생님 앞에서 모습을 감추었다.

"왜 그러지? 인사를 했을 뿐인데……. 칫! 인사를 잘하라고 하실 때는 언제고, 잘 받아주시지도 않고. 내가 싫은 게 틀림없어."

혼자 짜증을 내며 발끝으로 길바닥을 툭툭 차며 걸었다.

집으로 들어가는 골목길에서 세탁소 아저씨가 나왔다. 세탁소 아저씨는 나를 보고 환하게 웃으며 손을 들었다.

하지만 난 손까지 들어 인사할 기분이 아니었다. 그래서 못 본 척 고개를 숙였다. 그러자 세탁소 아저씨가 멋쩍은지 들었던 손을 살며시 내려놓았다.

"주영아, 학교 끝나고 오는 거니?"

"네."

세탁소 아저씨의 물음에 건성으로 대답했다. 그러자 세탁소 아저씨는 고개를 갸웃거렸다. 그리고 내가 앞을 지날 때까지 날 뚫어지게 쳐다보았다. 어이없다는 표정을 지으며…….

주영이가 인사를 했는데도 선생님은 왜 화가 나셨을까요? 그 까닭은 선생님이 처한 상황에 어울리지 않는 인사말을 했기 때문이에요.

선생님이 회의를 하고 있을 때에는 말없이 고개만 숙여 조용히 인사를 하는 것이 좋아요. 또, 어른에게 "수고하세요"라고 하는 것은 나이 어린 사람이 어른에게 하기에는 적당하지 않은 인사말이었어요.

때때로 싫어하는 사람을 만나거나 기분이 나쁠 때는 아는 사람을 만나더라도 인사하기 싫어 그냥 지나칠 수 있어요.

하지만 인사를 하지 않고 지나치면 서운한 생각이 들거나 예의가 없다고 생각할 거예요. 그리고 서로 사이가 멀어질 수도 있어요. 또, 못 본 척하고 지나치는 자신의 마음도 편하지 않을 거예요.

우리가 사람들과 나누는 인사는 사람과 사람을 이어주는 고리예요. 인사말을 나누면 서로 기분이 좋아지고 서로 더 가까운 사이가 될 수 있어요. 그래서 인사말은 모든 대화의 시작이기도 하지요.

이제 기분 좋은 인사를 해볼까요?

유창한 법칙

바른 자세로 인사하기

tip

잘못 쓰이는 인사말

인사말은 아주 오래전부터 사람과 사람들 사이에서 전해 내려오는 약속의 하나예요. 그래서 나라마다 인사하는 방법이 조금씩 다르지요.

서양에서는 아침, 점심, 저녁마다 서로 다른 인사말이 있어요. 하지만 우리말은 그렇지 않아요. 그러므로 서양의 인사말을 흉내 내어 어른에게 '좋은 아침입니다'라고 인사말을 건네거나, 헤어질 때 '수고하세요'라고 하는 인사말은 잘못 쓰이는 인사말이랍니다.

유창한 법칙

어떤 인사말을 할까?

각 상황에 알맞은 인사말을 보기에서 찾아 연결하세요.

잘 먹겠습니다.

미안해. 괜찮니?

안녕히 다녀오세요.

안녕히 주무세요.

선생님, 안녕히 계십시오.

아픈 데는 많이 나았니?

학교에 다녀오겠습니다.

3. 친한데도 높임말을 써야 해?

엄마가 저녁상을 차리며 나를 불렀다.

"와! 냄새 끝내주는데, 맛있겠다."

내 말에 엄마가 배시시 미소를 지었다.

식탁에 앉으려는데 번호키 누르는 소리가 들리더니 이어서 구두 소리가 들렸다. 아빠였다.

"아빠 왔어?"

나는 아빠를 쳐다보지도 않고 건성으로 인사를 했다.

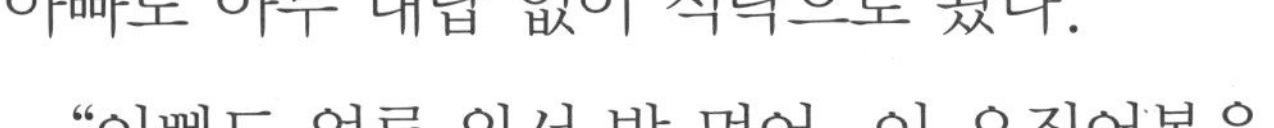
아빠도 아무 대답 없이 식탁으로 왔다.

"아빠도 얼른 와서 밥 먹어. 이 오징어볶음 정말 맛있겠지?"

순간, 아빠의 이맛살이 잔뜩 찌푸려졌다.

"주영아, 공손하게 높임말을 쓰는 게 어떨까?"

"응? 아니. 예, 알았어요."

아빠의 낮은 목소리에 나는 고개를 숙이며 말했다. 밥을 먹는 내내 아빠가 날 노려보는 것만 같아 아무 말도 할 수 없었다.

"엄마, 나 오미자차 타 줘. 알았지?"

저녁을 다 먹은 뒤 엄마에게 말했다.

"따뜻하게 줄까? 시원하게 줄까?"

"난 시원한 게 좋아."

그런데 아빠가 엄마와 나를 번갈아 보며 고개를 설레설레 저었다.

"당신이 만날 반말을 받아주니까 주영이 말버릇이 고쳐지지 않는 거잖아요."

아빠의 짜증 섞인 목소리에 엄마가 아빠의 눈치를 보았다.

"주영아, 높임말을 쓰면 타 줄게."

엄마가 한쪽 눈을 찡긋거리며 말했다.

"친한데도 높임말을 써야 해?"

나는 어리광을 부리듯 엄마의 팔을 붙잡고 말했다. 애처로운 표정으로 엄마의 얼굴을 쳐다보며…….

"그럼. 아무리 흉허물이 없는 사이라도 말을 함부로 해서는 안 되는 거란다."

엄마가 아빠의 눈치를 살피며 내 팔을 잡아떼어냈다.

술술 아나운서의 한마디

주영이는 왜 부모님께 높임말을 쓰지 않았나요? 친한 사이라고 말을 함부로 해도 될까요?

우리말에는 예사말과 높임말이 있어요. 예사말은 또래나 아랫사람에게 쓰는 높임의 뜻이 없는 보통 말이고, 높임말은 사람이나 사물을 높여서 이르는 말이에요. 그래서 할아버지, 할머니, 부모님, 선생님 등 웃어른께는 높임말을 써야 해요.

높임말에는 상대방을 공경하고 존중하는 마음이 담겨 있어요.
그래서 웃어른 뿐 아니라 여러 사람 앞에서 말을 할 때에도
예의를 갖추어 높임말을 사용하는 것이에요.

이렇게 우리말에는 같은 뜻이라도 대상과 상황에 따라 높임말과 예사말을 구분해서 써야 한답니다. 이제 어른에게 예사말을 하는 친구들을 왜 버릇없다고 여기는지 알 수 있겠지요? 웃어른에게 높임말을 쓰면 웃어른을 공경하는 마음이 잘 드러나 예의 바른 친구가 될 수 있답니다.

유창한 법칙

어떻게 하면 높임말을 쓸 수 있을까?

1 높임의 뜻이 있는 '－님'을 붙인다

선생님, 부모님처럼 붙여요. 그러나 인터넷에서 사용하는 '님아'는 높임에 의미가 아니므로 제대로 알고 사용해요.

2 높임의 뜻이 있는 말을 쓴다

나이－연세 | 이름－성함 | 밥－진지 | 말－말씀
집－댁 | 생일－생신 | 자다－주무시다 | 먹다－잡수시다
아프다－편찮다 | 있다－계시다

3 자기를 낮추는 말을 쓴다

나를－저를 | 내가－제가 | 우리가－저희가 | 씀－올림
주다－드리다 | 묻다－여쭈다

4 예사말에 '－시－'를 붙인다

보다－보시다 | 오다－오시다 | 가다－가시다 | 주다－주시다
하다－하시다 | 많다－많으시다 | 키우다－키우시다

5 글을 쓸 때에는 문장을 '－습니다'로 끝낸다

있다－있습니다 | 없다－없습니다 | 갔다－갔습니다
놓다－놓습니다 | 읽다－읽습니다

어디가 틀렸을까?

다음 대화 중 잘못된 높임말을 찾아 바르게 고쳐 쓰세요.

❶ ______________________

❷ ______________________

말을 끝낼 때 '-요'만 붙인다고 높임말이 되는 것이 아니에요. 같은 단어라도 높임의 뜻을 가진 말로 바꾼 후 '-요'를 붙여야 제대로 된 높임말이 됩니다.

정답 ❶ 식사 맛있게 드셨어요? ❷ 엄마! 학교 다녀오겠습니다.

4. 잘 듣는 게 말하는 것보다 중요하다고?

미술 시간에 모둠끼리 둘러앉았다. 아이들은 자기가 준비한 상자, 수수깡, 털실 등을 책상 위에 올려놓았다.

"우리 모둠은 뭘 만들까?"

도윤이가 물었다.

"놀이터를 만드는 게 어때? 우리가 준비한 재료로 미끄럼틀, 시소, 늑목, 구름사다리, 철봉 등도 쉽게 만들 수 있고, 주위에 나무를 몇 그루 만들면 더 보기 좋을 것 같아."

"오, 제법 말을 잘하는데?"

"뭘 그 정도로……."

나는 도윤이의 말에 짐짓 어깨를 으쓱거렸다.

나는 말을 끝내고 내가 가져온 재료로 시소를 만들기 시작했다. 하지만 아이들의 이야기는 계속되었다.

"난 교실을 만들었으면 좋겠어. 책상, 의자,

칠판 등을 만드는 건 어떨까?"

나는 이야기를 들으며 나무젓가락과 수수깡으로 기다란 시소를 만들고, 작은 상자를 붙여 양쪽에 앉을 자리도 만들었다.

"나는 상자가 많으니까 우리 마을을 만들었으면 좋겠어. 아파트, 문방구, 집을 만들고 길에는 자동차도 만들고……. 주영아, 넌 왜 말은 안 듣고 뭘 하고 있니?"

소희에 이어 효주가 말하다가 나에게 물었다.

"나? 지금 시소 만들고 있잖아. 잘 만들지 않았어?"

"뭐? 우리가 지금 놀이터를 만들자고 결정한 것도 아니잖아?"

효주가 짜증을 내며 말했다.

"그랬나? 그럼 뭘 만들기로 했어?"

나는 고개를 갸웃거리며 물었다.

"넌 왜 네가 하고 싶은 말만 하고, 우리 말은 잘 듣지 않는 거야? 이렇게 여러 사람이 대화를 할 때에는 잘 듣는 게 말하는 것보다 더 중요하다는 거 몰라?"

효주가 어이없다는 듯 웃음을 지으며 말했다.

'잘 듣는 게 말하는 것보다 중요하다고?'

나는 효주의 말이 무슨 뜻인지 몰라 고개만 갸웃거렸다.

술술 아나운서의 한마디

주영이는 말을 잘한다는 칭찬을 받았지만, 친구들의 말을 잘 듣지 않아서 핀잔도 함께 받았어요.

서로 의견을 나누는 시간에 내 의견 없이 남의 말만 듣는 것은 좋지 않아요. 하지만 주영이처럼 자기 생각만 말하고 다른 사람의 말은 잘 듣지 않는 것도 바람직한 행동이 아니에요.

말을 잘하는 것도 중요하지만, 그보다 더 중요한 것은 남의 말을 잘 들어주는 거예요. 사람들은 누구나 자기 말을 귀담아들어 주는 사람을 좋아하지요.

하지만 제대로 듣는다는 것은 정말 어려워요. 상대방의 처지나 입장에서 그가 가질 수 있는 생각이나 감정을 최대한 받아들이려고 노력해야 하기 때문이지요.

내가 바른 자세로 제대로 들어주면 상대방은 존중받는다는 느낌이 들게 되어, 마음이 편안해지고 기분이 좋아져요. 이처럼 잘 들어주다 보면 속의 말까지 나눌 수 있는 진정한 친구도 많이 얻을 수 있답니다.

유창한 법칙

듣기 달인이 되는 방법

바른 자세로 듣는다

바르게 앉아 말하는 사람을 바라보며 눈을 맞춘다. 들은 내용을 이해했다면 미소를 짓고, 상대방의 말에 따라 고개를 끄덕이거나 어깨를 으쓱하는 등의 몸짓을 하세요.

맞장구를 친다

"그래?" "정말?" "맞아." "그래서?" "계속 말해봐"와 같은 적절한 말로 맞장구를 치되, "빨리 말해봐" 처럼 다그치면 안 돼요.

상대방의 말을 반복한다

"~했단 말이지?"로 상대방의 말을 정리해 다시 말하여, 자신이 상대방의 말을 이해하고 있다는 것을 알려줘요.

이해하지 못한 부분은 질문한다

내용을 잘 이해하지 못한 것이나 모르는 낱말이 있다면 질문하세요.

★ 호감은 적극적으로 잘 들어주는 것에서 상대방의 마음을 파고들어 얻을 수 있어요.

나는 제대로 잘 듣고 있을까?

- [ ] 나는 다른 사람의 말을 듣기를 좋아하나요?
- [ ] 좋아하지 않는 사람이 말할 때에도 잘 듣나요?
- [ ] 예의 바른 자세로 말하는 사람을 쳐다보면서 듣나요?
- [ ] 주의를 집중하며 듣나요?
- [ ] 고개를 끄덕이거나 미소를 지으며 듣나요?
- [ ] 상대방의 말에 맞장구를 치면서 듣나요?
- [ ] 말하는 내용에 대해 생각하고 이해하려고 노력하며 듣나요?
- [ ] 잘 이해하지 못한 내용이나 낱말에 대해 질문하나요?
- [ ] 중요한 내용을 간단하게 메모하면서 듣나요?
- [ ] 말하는 사람이 이야기를 끝낼 때까지 기다리나요?

★ 체크 기호가 7개 이하라면 다른 사람의 말에 더욱 귀기울이려 노력해야 해요.

5. 욕도 대화라고?

쉬는 시간에 우리 모둠의 우유갑을 걷었다. 그런데 도윤이가 우유갑을 잘못 접어서 우유가 내 옷에 흐르고 말았다.

"야! 바보 멍청이야. 우유갑을 그렇게 접으면 어떡해? 남은 우유가 흐르잖아!"

나는 도윤이에게 버럭 소리를 질렀다. 도윤이가 움찔 놀라서 아무 말도 하지 못했다. 왠지 재미있었다.

그런데 이번에는 재민이가 우유갑을 잘못 접어 교실 바닥에 우유가 흘렀다.

"야! 그것도 제대로 못 하냐? 너 바보야?"

재민이에게 버럭 소리를 질렀다.

"뭐라고? 내가 일부러 그랬냐? 그러는 너는 얼마나 잘해서? 넌 실수 안 하고 살아? 너는 점심시간에 자면서 책에 침도 흘리잖아?"

재민이가 눈웃음을 살살치며 대들었다.

"뭐라고? 너 계속 까불래? 나랑 맞짱 한번 뜰까?"

나도 지지 않겠다는 듯 눈을 크게 뜨며 소리쳤다.

"야! 야! 그만해! 그까짓 거 가지고 싸우려고 하니? 그리고 주영이 넌 말 좀 가려서 해라. 바보에 맞짱이 뭐니?"

그때 소희가 말리지 않았으면 우린 크게 싸웠을 것이다.

집으로 돌아가는 길에 소희가 떡볶이를 사주겠다고 했다. 떡볶이 집 할머니가 우리를 보고 웃으며 반겼다.

"우리 예쁜 강아지들은 무얼 먹으러 왔을까?"

"네? 강아지요? 지금 저희 보고 욕하시는 거예요?"

"그게 아니라……. 다들 내 손주 새끼 같아서……."

주영이의 말에 할머니가 깜짝 놀라며 말을 얼버무렸다.

"네? 또 새끼라고 하셨어요?"

내가 소리를 높이자 할머니는 아무 말도 하지 못하고 얼굴을 붉혔다. 그러자 옆에 있던 소희가 피식 웃었다.

"너 아까 내가 욕할 때는 나보고 뭐라고 했잖아. 그런데 지금은 왜 가만히 있어?"

"그 새끼가 그 새끼가 아니니까 그렇지. 이 바보야."

"바보? 너 나한테 욕한 거지?"

"그 바보가 그 바보가 아니거든!"

나는 무슨 소리인지 잘 알아들을 수 없었다. 그런데 소희와 할머니는 서로 얼굴을 바라보며 씩 웃었다.

주영이는 화가 나자 욕을 했어요. 그래서 재민이와 싸움을 할 뻔했지요. 이렇게 우리는 화가 나거나 짜증이 날 때 욕을 하기 쉬워요. 또, 멋있게 보이기 위해서나 친근함을 표현하기 위해 욕을 하기도 하지요.

그런데 주영이의 말과 할머니의 말은 어떻게 다를까요? 주영이가 한 욕은 상대방의 기분을 나쁘게 하는 말이어서 서로 다투기가 쉽지요. 욕이란 상대방의 자존심을 깎아내리고 헐뜯는 경우가 대부분이기 때문이에요.

그런데 할머니의 말은 어떨까요? 할머니의 말은 욕이 아니라 일종의 친근한 표현이라고 할 수 있어요.

친구들이 알고 있는 욕을 생각해보세요. 그리고 '멍청이'나 '바보' 처럼 나쁜 말을 자주 한다면 하지 말아야 할 목록으로 정해서 고칠 수 있도록 해 보세요.

욕을 쓰지 않고 표준말과 고운 말을 써서 상대가 알아듣기 쉽게 말하는 것이 좋아요. 또, 상대의 마음을 움직이는 말은 무엇보다도 마음속에서 우러나오는 따뜻한 말이라는 걸 명심하세요.

유창한 법칙

어떤 말이 나쁜 말일까?

은어는 같은 구성원끼리만 알아듣게 한 말이에요.

"산삼을 캐는 심마니들은 산삼을 뿌리시리, 어린 산삼은 달코, 쌀밥은 모래미라고 불러. 그러니 다른 사람들은 알 수 없지."

"가짜를 거꾸로 뒤집어서 짜가라고 하는 것도 은어라고 할 수 있어."

비어는 상대를 얕잡아보고 경멸하는 말이에요. 욕설이나 혐오감을 주는 말로 상대방의 인격을 깎고, 듣는 사람을 기분 나쁘게 하는 가장 나쁜 언어표현이지요.

머리 – 대가리(대갈통) | 입 – 주둥이(아가리)

귀 – 귓구멍 | 뱃사람 – 뱃놈 | 먹는다 – 처먹는다

죽는다 – 뒈진다

유창한 법칙

속어는 보통 사람들이 쓰는 말 중에서 품위가 없는 말이에요.

"우리 할머니는 고소한 것을 먹을 때 꼬시다라고 말해."

"우리 삼촌은 유혹한다는 말로 꼬시다라고 하던데?"

"할머니 말은 사투리고 삼촌의 말은 속어야."

"대박!"

"대박도 원래 크게 이득을 본다는 뜻이야. 하지만 지금은 '대단한 일' 또는 '놀랄만한 일'이라는 뜻으로 쓰이는 속어야."

"대박도 속어라고? 구라치지 마?"

"구라치다도 거짓말을 속되게 이르는 말이야."

은어 · 비어 · 속어를 사용하다 보면 자신의 가치를 스스로 떨어뜨리게 되고, 언어파괴현상이 일어나서 다른 사람과도 제대로 대화를 하지 못하게 될 수 있어요.

유창한 법칙

화가 날 때는 어떻게 할까?

1 "얼음!" 하고 잠시 멈춘다

움직이지도 마세요. 아무 말도 하지 마세요. 깊게 숨을 들이마신 후 마음속으로 하나부터 열까지 천천히 세어 보세요.
'얼음! 하나! 둘! 셋! 넷! 시골 풍경을 떠올려보는 거야.'

2 몸을 움직인다

잠시 멈추어도 진정되지 않는다면 밖으로 나가 산책을 하거나 뛰어 보세요.

3 "나는 ~" 하며 차근차근 화난 이유를 말한다

일단 진정이 되면 화가 난 이유를 천천히 생각하세요. 그리고 정확하게 말로 표현하세요. 이때 상대방을 비방하지 말고 "나는 ~"이라는 말을 사용해서 말해야 해요.

예 "네가 내 공책을 찢어서 나는 지금 화가 났어."

★ '화'란 스스로 통제력을 잃고 몹시 못마땅하거나 언짢아서 나는 감정을 말해요.

4 통 큰 마음을 가진다

자기에게 주어진 상황에 감사하는 마음을 가져보세요. 그리고 즐거웠던 순간을 떠올리면 상대방이 옆에 있는 것만으로도 고마운 마음이 들 거예요.

예 "이까짓 거 아무것도 아니야! 쟤도 어쩔 수 없었을 거야!"
"어제 쟤가 떡볶이 사줬지? 참아야지. 그래야 나중에……."

5 시간이 약이다

지금 당장은 속상하겠지만 몇 시간, 며칠이 지나면 아무것도 아닌 일이 되는 경우가 많아요. 그러므로 화를 내서 감정 싸움을 길게 끌 필요가 없어요.

화를 푸는 쉬운 방법

1. 마구 신문지 찢기
2. 큰 소리로 빽 소리 지르기
3. 좋아하는 음악 들으며 크게 따라 부르기
4. 친구와 수다 떨기

2장

이것도 나쁜 언어습관이라고?

똥을 산다고?

깜놀했잖아!

난 잘 못하는데

이것도 틀린 말이라고?

사라진 댓글

2 × 1/3 =
4 × 3-
지 각
박시우

1. 깜놀했잖아!

수학 시간이었다. 선생님 말씀이 따분하게 귓가에서 맴돌았다. 나는 책상 속에서 초록 색종이를 하나 꺼냈다.

그리고 선생님 눈치를 살피며 무릎 위에 색종이를 놓고 개구리를 접었다. 도윤이 등 뒤에 숨어 두껍게 접은 종이 개구리 엉덩이를 콕 눌렀다. 종이 개구리지만 진짜 개구리처럼 폴짝폴짝 잘 뛰었다.

나는 앞쪽에 앉아있던 도윤이에게 종이 개구리를 휙 던졌다.

"앗!"

도윤이가 깜짝 놀라며 몸을 움츠렸다. 하지만 그것도 잠시, 도윤이는 종이 개구리인 것을 알고는 배시시 웃으며 뒤를 돌아보았다.

"깜놀했잖아?"

"애들아, 수업시간에 딴짓하면 아니 아니 아니 되오."

옆에서 소희가 웃으면서 끼어들었다.

"고퀘?"

소희의 말에 우리 둘이 맞장구를 치며 웃었다. 하지만 웃음은 금세 어설픈 미소로 바뀌었다. 모든 아이들의 눈이 우리에게 쏠렸기 때문이었다.

우리는 머쓱해진 채 자세를 고쳐 앉았다. 선생님이 턱짓으로 일어서라고 했다.

"지못미!"

소희가 작은 소리로 우리에게 말했다.

"지못미는 무슨 소리냐?"

선생님이 소희에게 물었다.

"지켜주지 못해 미안하다는……."

소희가 말끝을 흐리며 대답했다.

"뭐라고? 누가 누굴 지켜줘? 너나 잘 지키셔!"

선생님이 소희에게 핀잔을 주었다. 선생님의 말에 아이들이 까르르 웃었다. 소희의 얼굴이 빨개졌다. 도윤이와 나도 배시시 웃었다.

"너희는 뭘 잘했다고 웃니?"

결국, 우리는 방과 후에 집에 가지도 못하고 선생님의 잔소리를 들어야만 했다.

술술 아나운서의 한마디

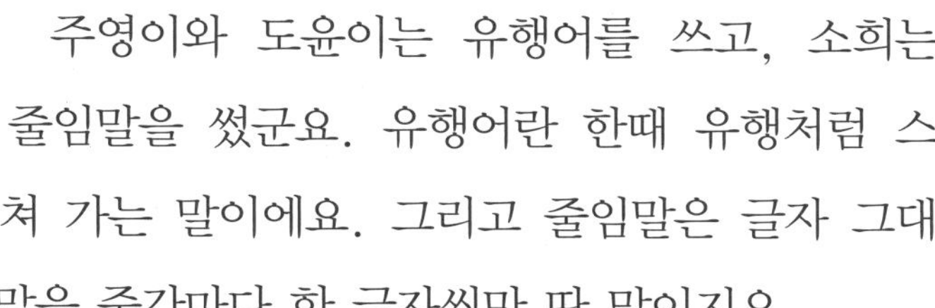

주영이와 도윤이는 유행어를 쓰고, 소희는 줄임말을 썼군요. 유행어란 한때 유행처럼 스쳐 가는 말이에요. 그리고 줄임말은 글자 그대로 긴 말을 중간마다 한 글자씩만 딴 말이지요.

우리는 방송에서 나오는 유행어나 줄임말을 쓰는 경우가 많아요. 유행어나 줄임말을 처음 들었을 때에는 무슨 말인지 잘 모르다가도 어느새 익숙하게 사용하는 친구들을 볼 수 있어요.

친한 사이에는 유행어나 줄임말을 쓰면 분위기가 좋아질 수도 있지만, 때와 장소를 가리지 못한 채 남들이 하니까 덩달아 따라 하는 것은 좋지 않아요.

그리고 지나치게 유행어를 많이 쓰면 의사소통이 힘들어지고, 어떤 감정이나 상황을 설명할 때 그 유행어가 아닌 단어를 떠올릴 수가 없게 될 수 있어요. 또, 아직 정확한 표준어를 사용하지 못하는 어린이들은 표준어를 쓰는 분별력이 떨어지기 쉬워요. 그러므로 유행어나 줄임말을 너무 지나치게 사용하지 말아야 해요.

줄임말은 소통을 원활하게 하는 하나의 방법으로 사용되기도 해요. 사법고시를 '사시'라고 하고, 선거관리위원회를 '선관위'라고 하는 경우를 예로 들 수 있어요.

유창한 법칙

줄임말, 얼마나 알고 사용할까?

지못미	지켜주지 못해서 미안해	완소	완전히 소중한 사람
깜놀	깜짝 놀라다	멘붕	멘탈(정신적인) 붕괴
귀척	귀여운 척	시공	시험공부
생선	생일선물	문상	문화상품권
자삭	자기가 올린 게시물을 스스로 삭제	전번	전화번호
컴사	컴퓨터용 사인펜	재접	재접속하다
쌍수	쌍꺼풀 수술	방제	방의 제목
비번	비밀번호	강퇴	강제퇴장
베프	베스트 프렌드	먹튀	먹고 튀다

★ 적을 알고 나를 알면 백전백승이라고 했어요. 줄임말의 뜻을 알았으니 사용하지 않도록 노력해요.

지혜가 담긴 속담과 명언

상황에 맞는 적절한 표현을 하기 위해서는 잠깐 유행하는 유행어보다 삶의 지혜가 담겨있는 속담이나 명언을 사용하면 훨씬 멋진 어린이가 될 수 있어요.

속담	말 한마디에 천 냥 빚을 갚는다.
	발 없는 말이 천 리 간다.
	가는 말이 고와야 오는 말이 곱다.
	입은 비뚤어져도 말은 바르게 하라.
	낮말은 새가 듣고 밤말은 쥐가 듣는다.
명언	최고의 대화술은 듣는 것이다. –스테판 M. 폴란
	사람들에게 상냥하게 대하라. 이것은 남에게 호감을 받는 계기가 되고, 그 사람들과 이야기함으로써 소심한 성격이 개조된다. –엘마 윌러
사자성어	마이동풍(馬耳東風) : 남의 의견이나 충고의 말을 귀담아듣지 아니하고 흘려버리는 태도를 말한다.
	언중유골(言中有骨) : 말 속에 뼈가 있다는 말로 예사로운 말 속에 단단한 속뜻이 들어 있다는 의미다.
	촌철살인(寸鐵殺人) : 조그만 쇠붙이로 사람을 죽인다는 뜻으로 이야기의 가장 중요한 곳을 말해 듣는 사람을 감동하게 한다는 의미다.

Toilet
똥 싸느라고…….

2. 똥을 산다고?

"숙제 먼저 끝내고 일기 다 쓰면, 컴퓨터 할 수 있게 해줄게."

엄마의 말에 열심히 숙제하고 일기까지 쓰고는 기쁜 마음으로 엄마에게 말했다.

"엄마 저 삭제 다 했어요."

얼떨결에 말이 잘못 나왔다.

"뭐라고? 삭제? 숙제하라고 했더니 게임 다운받아서 하고 지운 거 아냐?"

"아니, 그게 아니고 숙. 제. 를 다했다고요."

뒤늦은 변명에도 엄마는 내 방에 들어와 컴퓨터를 살펴보고는 고개를 갸웃거렸다.

그때 뱃속이 살살 간질거렸다. 금방이라도 큰 게 나올 것 같았다.

"저 화장실에 갔다 와서 컴퓨터 할게요."

후다닥 화장실로 뛰어들어갔다.

"화장실에서 왜 이렇게 오래 있었니?"

내가 화장실에서 나오자 엄마가 물었다.

"똥 사느라고……."

"뭐? 똥을 사? 얼마 주고 샀는데? 500원? 1,000원?"

엄마가 키득키득 놀리듯 웃으며 물었다.

"자꾸 그렇게 놀리실 거예요? 그까짓 발음이 조금 틀렸다고 놀리면 어떡해요? 뜻은 다 알아들었잖아요."

"정말 그럴까? 우리 아들 주엉아?"

"엄마!"

내가 입을 비쭉 내밀었다. 하지만 엄마의 웃음소리는 쉽게 사그라지지 않았다.

"알았어, 그만 웃을게. 그러니까 너도 앞으로 또박또박 말하렴. 알았지?"

"알. 았. 어. 요. 엄. 마."

"뭐야? 네가 뭐 로봇이니? 한 글자씩 말하게."

엄마가 어이없다는 듯 고개를 설레설레 저었다.

술술 아나운서의 한마디

주영이가 발음을 정확하게 하지 않아서 엄마를 꽤 즐겁게 해주었군요. 하지만 발음을 정확하게 하지 않으면 상대방에게 우습게 비칠 수 있어 주의해야 해요.

발음을 정확하게 하지 않으면 자기 뜻을 정확하게 전달할 수 없어요. 그런데 우리말에는 발음을 혼동하기 쉬운 낱말들이 많아요.

그리고 우리말에는 소리의 길이에 따라 뜻이 달라지는 때도 있지요. 예를 들어, 눈[눈:]과 눈[눈]은 글자 모양은 같지만 길게 소리 나는 눈[눈:]은 하늘에서 내리는 눈을 말하고, 짧게 소리 나는 눈[눈]은 사람의 눈을 말하지요.

또, 소리는 같지만, 전혀 뜻이 다른 낱말들도 있어요. '배'의 경우 소리는 같지만, 내용에 따라 사람의 배와 과일의 배를 뜻해요.

이렇게 우리말에는 발음, 소리의 길이, 같은 소리지만 다른 뜻을 가진 낱말이 많아요. 그런데 이런 낱말들을 정확하게 사용하지 않는 것은 우리말에 상처를 주는 것과 같아요. 따라서 국어사전을 활용해 쉬운 낱말이라도 바르게 발음하여 바른 뜻을 전달할 수 있도록 노력해야 하겠어요.

유창한 법칙

똑똑한 발음 만들기

1 물 많이 마시기

좋은 목소리를 내기 위해서는 하루에 6잔 이상의 물을 마시는 것이 좋아요.

2 볼펜대 입에 물고 말하기

입 모양과 혀의 위치를 바로잡아 또박또박 말하는 데 도움이 돼요.

3 복식 호흡하기

배를 부풀리며 숨을 들이쉬고, 배를 집어넣으며 숨을 깊이 내쉬어 보세요.

4 입 운동하기

입안에 공기를 넣은 뒤 왼쪽 볼에서 오른쪽 볼로 번갈아가며 빵빵하게 부풀려보세요. 그리고 혀를 쭉 내밀고 돌려주는 연습을 하세요.

5 소리 길게 내기

숨을 크게 들이마신 다음 1~2초 정도 참으세요. 그리고 '아~~~' 하고 최대한 길게 소리 내어 보세요.

어려운 문장 연습하기

어려운 문장을 정확하게 빨리 말하는 연습을 통해 정확한 발음을 연습할 수 있어요.

1. 간장 공장 공장장은 강공장장이고,
   된장 공장 공장장은 장공장장이다.
2. 중앙청 창살은 쌍창살이고, 시청 창살은 외창살이다.
3. 파란 지붕 팥죽 집 팥죽은 붉은팥 팥죽이고,
   고개 넘어 콩죽 집 콩죽은 검은콩 콩죽이다.
4. 내가 그린 기린 그림은 잘 그린 기린 그림이고,
   네가 그린 기린 그림은 잘못 그린 기린 그림이다.
5. 저기 저 뜀틀이 내가 뛸 뜀틀인가 내가 안 뛸 뜀틀인가
6. 저분은 백법학박사이고 이 분은 박법학박사이다.
7. 상표 붙인 큰 깡통은 깐 깡통인가? 안 깐 깡통인가?
8. 앞뜰에 있는 말뚝이 말 맬 말뚝이냐 말 안 맬 말뚝이냐

3. 난 잘 못하는데

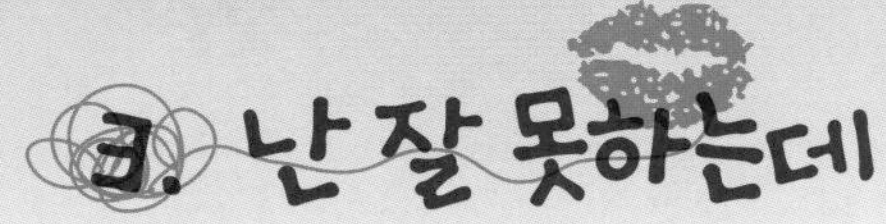

체육 시간에 앞구르기를 했다. 내 차례가 되었다.

"난 앞구르기 잘 못하는데……."

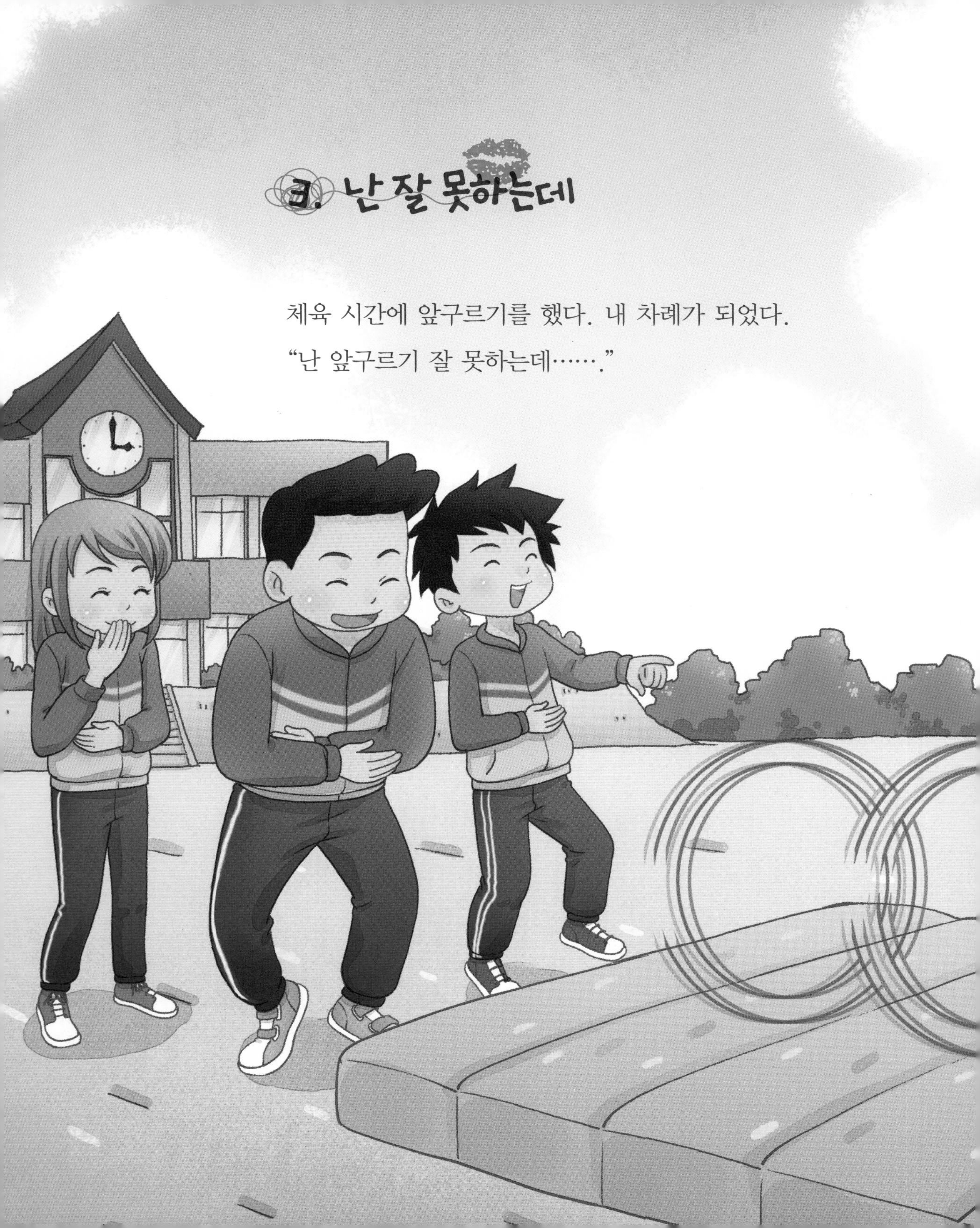

앞구르기를 하려고 허리를 구부리고 앉았다. 데굴 굴렀다. 하지만 앞구르기가 아니라 옆구르기가 되고 말았다. 뒤에서 보고 있던 아이들이 깔깔깔 웃었다. 나는 얼굴이 빨개진 채 재빨리 맨 뒤로 가서 줄을 섰다.

"난 다른 건 몰라도 앞구르기는 잘 안 돼!"

난 어깨를 축 늘어뜨린 채 혼잣말로 중얼거렸다.

"앞구르기만? 다른 건 되는 건 있어? 축구? 달리기?"

내 말을 들은 재민이가 놀리듯 말을 이었다.

"그리고 어차피 되지도 않을 텐데, 창피당하지 말고 그냥 배 아프다고 하고 쉬는 게 어때?"

재민이가 내 속을 박박 긁었지만 난 아무 대꾸도 하지 못했다.

또다시 내 차례가 되었다. 나는 또다시 앞구르기를 하려고 양손으로 토끼 귀 흉내를 내면서 앉았다.

'또 옆으로 구르면 쟤들이 날 어떻게 생각할까?'

선불리 앞구르기를 할 수 없었다.

"야, 뭐해? 빨리해."

뒤에서 재민이가 재촉하듯 소리쳤다. 하지만 쉽게 할 수 없었다.

"앞구르기를 못하는 것보다 안 하고 있는 게 더 이상하게 보여."

옆에 여자 줄에서 보고 있던 소희가 말했다. 소희의 말대로 두 눈을 질끈 감고 앞으로 데구르르 굴렀다. 하지만 손바닥은 매트에 닿지도 않고 또다시 옆구르기가 되어버렸다. 아이들이 깔깔거리는 소리가 귓가에 맴돌았다.

뒤쪽에 가서 줄을 서자 소희가 다가왔다.

"야, 잘하든 못하든 적극적으로 해. 잘 봐봐. 너처럼 옆으로 구르는 애들도 많아. 하지만 자신 있게 즐겁게 하고 있잖아."

"그래도 창피하잖아."

내가 자신 없어 하자 소희가 피식 웃었다.

"그건 네 생각이지. 쟤들은 잠깐 웃고 잊어버려."

'정말 그럴까?'

나는 소희의 말을 다시 한 번 생각해보았다.

술술 아나운서의 한마디

주영이가 "난 앞구르기 잘 못하는데……"라고 말하는 것에 대해 어떻게 생각하나요? 다른 사람들이 나를 어떻게 생각하느냐보다도 내가 나를 어떻게 생각하느냐가 더 중요한데, 주영이는 자신을 부정적으로 표현하고 있군요. 이렇게 소극적이고 자신 없는 말은 생각과 행동을 위축시켜 나쁜만 아니라 다른 사람들도 힘들게 하지요.

'말이 씨가 된다'는 말이 있어요. 늘 말하던 것이 어떤 사실을 가져오는 결과가 된다는 뜻이에요. 그러므로 말로 자신감을 표현하는 태도는 무척 중요해요. 자신 있는 태도에서 하고자 하는 의욕이 생기고, 그 의욕은 결국 좋은 결과를 만들어내기 때문이지요. 그래서 긍정적이고 자신 있는 말을 하는 것은 좋은 언어습관을 갖기 위해서 꼭 필요하답니다.

이제부터 "난 못하는데"라고 말하기보다는 "나는 잘할 수 있어"라고 말해보세요. 설령 잘 안되더라도 뻔뻔하게 말해보는 거예요. 말이 씨가 될 테니까요.

자신감을 주는 말하기

난 날 사랑해!

자기 자신을 끊임없이 사랑하고 또 사랑하세요. 성공한 사람들 중 누구도 자신을 사랑하지 않는 사람은 없어요.

나도 잘하는 게 있어

내가 못하는 것만 강조하고 나 자신에 대해 불만을 품지 마세요. 그리고 자신의 단점을 해결하기 위해 고민하는 것보다는 자기가 가진 무한한 잠재력과 재능을 믿고 장점을 찾으세요.

나는 ~이 될 테야

이루고자 하는 꿈을 마음속으로 반복하면, 자신도 모르게 그렇게 되기 위해 노력하게 되어 자신의 능력을 최대한 높일 수 있어요. 지능보다 앞서는 것이 바로 '하고 싶다'는 의욕이니까요.

난 다른 사람과 달라

사람은 저마다 타고난 소질과 재능이 조금씩 다름을 인정하고 자신을 남과 비교하지 마세요.

피그말리온 효과

사람은 무슨 일이든 정성을 다 쏟으면 끝끝내 그것을 이룰 수 있어요. 이것을 '피그말리온(Pygmalion) 효과'라고 하지요.

피그말리온은 〈그리스 신화〉에 나오는 왕으로, 상아로 만든 여인 조각을 너무나 사랑했다고 해요. 그러자 아프로디테 여신이 피그말리온의 정성에 감동하여 그 여인 조각에 생명을 불어넣어 주었지요.

'피그말리온 효과'는 이 이야기에서 비롯된 말로 원하는 것을 위해 노력하면 무엇이든 이룰 수 있다는 교훈을 담고 있답니다.

4. 이것도 틀린 말이라고?

“배고프지?”

학원에서 돌아오자 엄마가 물었다.

“그런 것 같아요.”

“그래? 씻고 나와라.”

엄마는 고개를 잠시 갸웃거리며 말했다.

나는 가방을 방에 두고 나와 손을 씻고 식탁에 앉았다. 그런데 식탁에는 밥상이 차려져 있지 않았다.

엄마는 프라이팬에 기름을 한두 술 두른 뒤 어묵과 양파, 당근을 넣고 주걱으로 골고루 섞고 있었다. 맛있는 냄새가 코를 찔렀다.

“배고프다고 했는데……. 엄마는 맨날 내 말을 제대로 안 듣는 것 같아.”

나는 입을 비쭉 내밀었다.

“엄마가 만날 네 말을 안 듣는다고? 그렇게 말하면 섭섭한데? 엄마는 네가 ‘배고픈 것 같아요’라고 해서 그다지 배가 많이 고프지 않다고 생각했지. 그래서 새 반찬을 만들어 주려고 했는데……. 그

러니까 배고프면 배고프다고 확실하게 말해야지. '배고픈 것 같아요'는 뭐니?"

엄마의 말에 나는 아무 대꾸도 하지 못했다. 엄마는 식탁에 밥과 반찬을 올려놓으며 물었다.

"그나저나 학원 수학 선생님이 바뀌었다며? 새로 오신 수학 선생님은 어때?"

"재미있게 잘 가리켜주세요."

"잘 가리켜주신다고? 잘 가르쳐주시는 거겠지?"

순간 내가 잘못 말했다는 것을 알았다. 나는 얼굴을 붉히면서 어묵 반찬을 집어 먹었다.

"어묵 반찬 맛있지?"

"뭐, 그런 것 같아요."

"뭐라고? 혹시 소심하게 복수하는 거니? 그럼 먹지 마라."

엄마가 어묵 반찬 그릇을 치웠다.

"엄마, 이건 아니지요."

나는 재빨리 어묵 반찬 그릇을 빼앗아 식탁에 놓았다. 그리고 배시시 웃으며 어묵 반찬을 계속 집어 먹었다.

술술 아나운서의 한마디

우리는 생활하면서 주영이처럼 '~인 것 같아요' 라는 말을 너무 많이 쓰고 있어요. 이 말은 무엇인가를 추측할 때 쓰는 표현이므로 주영이는 '배고프다, 아직 배고프지 않다' 또는 '맛있다, 맛없다' 라고 분명하게 말해야 했지요.

자기 생각을 '~인 것 같아요' 하고 대충 얼버무리고 넘어가는 것은 올바른 언어습관이 아니에요. 그런 표현을 자주 쓰면 자신감을 잃어버릴 수 있어요.

그러므로 자기 의견을 말할 때에는 '~인 것 같아요' 라는 말을 쓰지 말고 자기 생각을 분명하게 말하는 습관을 가져야 해요.

그리고 '만날' 은 매일같이 계속하여서라는 뜻이에요. 그리고 '맨날' 은 만날의 잘못 쓰인 말이기 때문에 '만날' 로 써야 해요. 또, '가리키다' 와 '가르치다' 도 서로 뜻이 다르지요.

이렇게 일상에서 자주 틀리고 잘못 쓰이는 말을 찾아서 고쳐보는 것은 어떨까요?

유창한 법칙

무엇이 다를까?

다르다 와 틀리다

다르다 비교가 되는 두 대상이 서로 같지 아니하다.

예 "형제가 달라도 너무 다르군."
"너와 내 답이 달라."

틀리다 셈이나 사실 따위가 그르게 되거나 어긋나다.

예 "계산이 틀리잖아."
"너의 답은 틀렸어."

가르치다 와 가리키다

가르치다 지식이나 기능을 깨닫거나 익히게 하다.

예 "버릇을 제대로 가르쳐야 해."

가리키다 어떤 방향을 말하거나 알리다.

예 "손가락으로 북쪽을 가리켰다."

'가르키다'는 가르치다나 가리키다를 잘못 말한 거예요. 그러니 '가르키다'라는 말은 쓰지 말아야 해요.

잘못 쓰이는 낱말 퀴즈

 한가하다와 널널하다 어떤 말이 맞는 말일까요?

"너 시간 있니?"

① "응. 한가해!"　　　② "응. 널널해!"

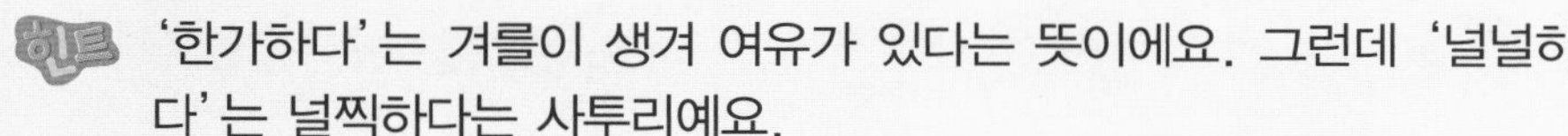
힌트 '한가하다'는 겨를이 생겨 여유가 있다는 뜻이에요. 그런데 '널널하다'는 널찍하다는 사투리예요.

 바람과 바램의 쓰임이 맞는 것은?

① 우리의 바램은 오늘 체육 시간에 축구를 하는 거야.

② 우리의 바람은 오늘 체육 시간에 피구를 하는 거야.

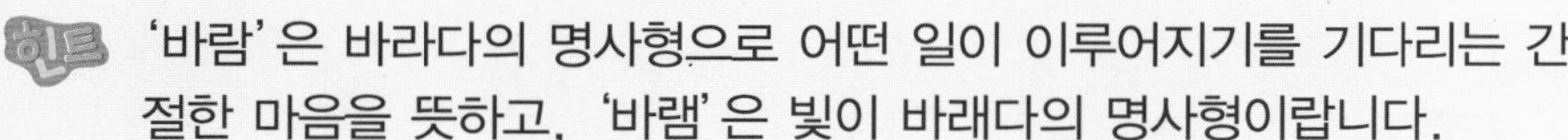
힌트 '바람'은 바라다의 명사형으로 어떤 일이 이루어지기를 기다리는 간절한 마음을 뜻하고, '바램'은 빛이 바래다의 명사형이랍니다.

 새우다와 새다의 쓰임이 맞는 것은?

① 밤을 새워서 공부를 했어.

② 밤을 새서 게임을 한 것은 아니고?

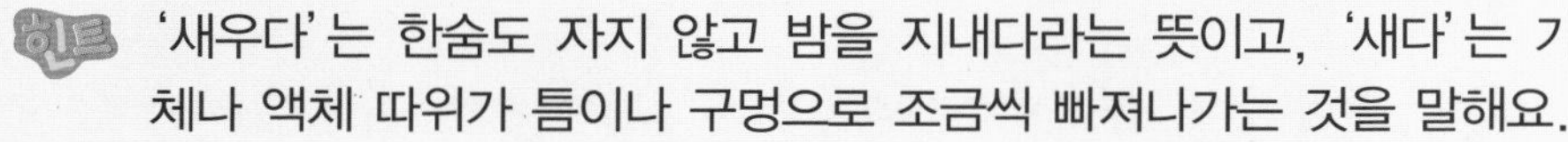
힌트 '새우다'는 한숨도 자지 않고 밤을 지내다라는 뜻이고, '새다'는 기체나 액체 따위가 틈이나 구멍으로 조금씩 빠져나가는 것을 말해요.

정답 ❶ ① ❷ ② ❸ ①

5. 사라진 댓글

학급 게시판에 들어갔다. 선생님이 게시판에 자신의 고민을 올리거나 친구의 고민에 댓글을 많이 단 사람에게 점수를 준다고 했기 때문이었다. 벌써 게시판에 들어와 있는 아이들이 많았다.

나는 내가 가끔 왕따가 아닐까 하는 생각을 한다. 흑흑!

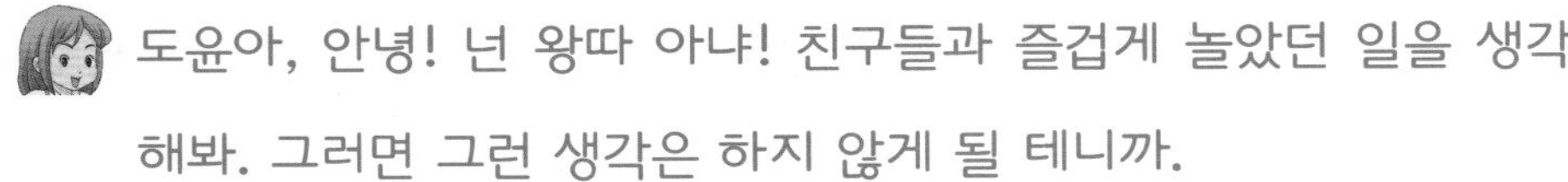
도윤아, 안녕! 넌 왕따 아냐! 친구들과 즐겁게 놀았던 일을 생각해봐. 그러면 그런 생각은 하지 않게 될 테니까.

방가! 나도 그런 적 있는데, 나 혼자만의 생각이었어.

나도 댓글을 달았다.

마자! 소희 말에 동감!

넌 왕따 아냐! 단지 인기가 없을 뿐이지. 풋!

고마워! 근데 주영이는 병 주는 건지 약 주는 건지 잘 모르겠음.

글쎄 병일까?

독약일까?

주영이 너 점수 많이 얻으려고 일부러 댓글을 나누어 쓰는 거지? 속 보인다. 그리고 도윤이 놀리는 것도 개념 없어 보여.

순간 속이 뜨끔했다. 하지만 그렇다고 인정하기는 싫었다.

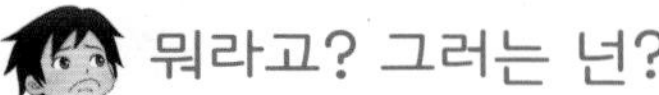
뭐라고? 그러는 넌?

너도 그런 말을 할 거면 댓글 달지 말고 쪽지로 보내!

효주 너는 내가 그렇게 만만하냐? 너도 날 비방하는 거잖아.

얘들아, 싸우지 말고 쓸데없는 댓글들은 지우는 게 어때?

얘들아, 내가 쓴 게 비방이니? 사실대로 말한 것뿐이지.

어이 똥주야, 보자 보자 하니까 사람 열 받게 하네. 솔직히 너 진짜로 싫거든. 우리 반 다른 여자애들처럼 공주병에 걸린 주제에.

순간 갑자기 도윤이의 글이 사라져버렸다. 누군가 도윤이의 글을 통째로 지워서 댓글까지 지워버린 것이었다.

'설마, 선생님이?'

다음 날, 학교에 가자 여자애들이 삼삼오오 모여서 날 노려보고 있었다. 우리 반 여자애들이 공주병이라고 쓴 댓글 때문에 속이 뜨끔거렸다.

"어제 게시판을 보고 선생님이 얼마나 창피했는지 몰라요. 그래서 댓글 점수제는 없애기로 했으니 그렇게 아세요."

선생님은 이맛살을 잔뜩 찌푸린 채 날 노려보며 말했다.

술술 아나운서의 한마디

인터넷 게시판에 댓글을 다는 주영이의 태도에 대해 어떻게 생각하나요?

일반적인 대화는 상대방을 직접 만나 대화하지만, 온라인 대화는 인터넷이라는 가상 공간을 통해 문자 언어로 의사를 주고받아요.

요즘에는 인터넷 홈페이지, 메일, 핸드폰 문자 등 다양한 정보화 기기를 이용하기 때문에 시간과 공간의 제약 없이 대화할 수 있어요.

그런데 여러 사람이 모이는 게시판은 대화 상대가 분명하지 않아서 오해를 사거나 다른 사람의 감정을 해칠 수 있는 역기능도 많아요. 그래서 이런 역기능을 줄이기 위해서는 사이버 공간에서 지켜야 할 규범인 '네티켓'을 잘 지켜야 하지요.

만약 사이버 공간에서 누군가 자신을 욕한다면 즉시 대화를 중단하세요. 그때 자신도 욕으로 대꾸한다면 자신이 피해자인 동시에 가해자가 되기 때문이에요. 그리고 사이버 공간에서 피해를 당하면 언제든지 어른들에게 도움을 청해야 한답니다.

이처럼 사이버 공간에서 대화할 때에도 꼭 예의를 지켜야 한다는 걸 잊지 마세요.

네티켓을 지키자

❶ 온라인 대화를 하거나 댓글을 달 때에는 마주 보고 이야기하듯 예절을 지켜야 해요.

❷ 글을 쓰기 전과 글을 쓴 뒤, 대화에 참여하기 전과 대화를 끝낼 때에는 알맞은 인사말을 하세요.

❸ 게시판에 글을 쓰거나 메일을 보낼 때에는 내용을 함축적으로 나타낼 수 있는 알맞은 제목을 다세요.

❹ 게시판의 글, 메일, 댓글은 명확하고 간결하게 쓰고, 문법에 맞는 표현과 올바른 맞춤법을 사용하세요.

❺ 인터넷에서 글을 쓸 때에는 행 사이에 공백을 두어 크기만 늘리는 식의 글을 쓰지 마세요.

❻ 다른 사람에게 피해를 주거나 불쾌감을 줄 수 있는 거짓말, 비방, 욕설 등은 쓰지 마세요.

❼ 메일을 보낼 때는 주소를 확인하고, 동시에 여러 사람과 대화를 하거나 댓글을 달 때에는 상대방을 혼동하지 않도록 조심하세요.

❽ 이모티콘이나 기호를 적절히 사용하여 대화하세요.

인터넷 용어 바로 쓰기

 인터넷 용어의 바른말을 찾아보세요.

ㅈㅅ	괜찮아
방가	축하
당근	선생님
고고씽	열심히
추카	맞아
겜	죄송
마자	게임
하이루	친구
샘	출발
열씨미	놀랍다
갠춘	반가워
칭구	당연
허걱	안녕

★ 인터넷 용어의 바른말을 알았으니 사용하지 않도록 노력해요.

3장

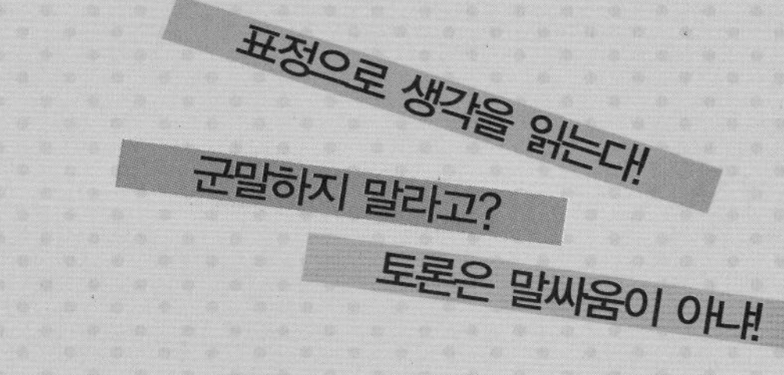

도대체 바른 언어습관이 뭐야?

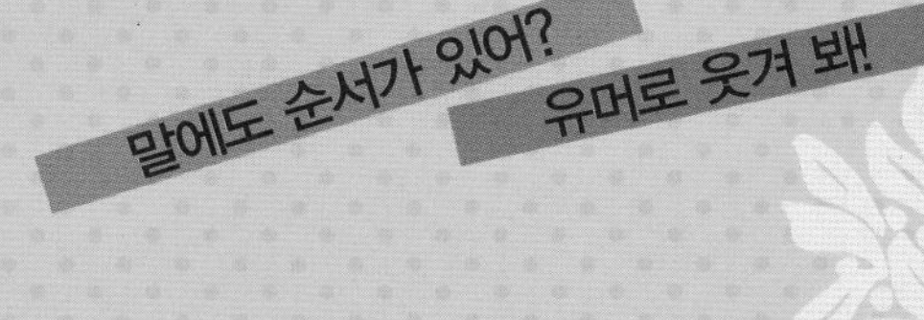

1. 표정으로 생각을 읽는다!

선생님이 지점토를 나누어주었다. 그리고 모둠끼리 여러 가지 동물을 만들라고 했다. 난 토끼를 만들었다. 이쑤시개를 이용해서 기다란 토끼 귀를 머리 위에 세웠다.

소희는 코끼리를 만들고 있었다. 그런데 코가 코끼리 얼굴에 잘 붙지 않는 모양인지 표정이 좋지 않았다.

'도와줘야 하는 걸까?'

잠시 망설였다.

"소희야, 잘 안 되니? 내가 도와줄까?"

소희가 고개를 끄덕였다. 나는 철사를 구부린 뒤 지점토를 씌워서 코끼리 코를 휘게 하였다. 그리고 남은 철사 부분을 코끼리 얼굴에 끼워 넣었다. 그러

자 휘어진 코가 얼굴에 착 달라붙었다.

소희가 놀랍다는 표정으로 날 쳐다보았다. 소희보다 내가 더 기뻤다.

그때 선생님이 지나갔다.

"코끼리 코가 정말 멋진데?"

"주영이가 도와주었어요."

선생님이 칭찬하자 소희가 내 이야기를 했다.

"그래? 그런데 소희보다 주영이가 더 좋아하는 것 같구나?"

선생님이 내 얼굴을 빤히 쳐다보며 물었다. 나는 아니라는 듯 고개를 설레설레 저었다.

'어떻게 알았지?'

"네 표정을 보아하니 내 말이 맞는 것 같구나. 그렇게 좋니?"

선생님이 다시 물었다. 나는 얼굴이 빨개진 채 더욱 세게 고개를 저었다.

"왜? 네가 만들었으니까 좋아야 하는 거 아냐? 넌 지금 뭘 생각하는 거니? 설마 코끼리가 아니라……."

선생님의 말에 아이들이 깔깔깔 웃었다. 나는 귓불까지 빨개지는 것을 느꼈다.

"왜 주영이 얼굴이 빨개지는 걸까?"

"선생님께서 저만 뚫어지게 쳐다보시니까 창피해서 그러죠?"

나는 입을 비죽 내밀며 말했다.

"글쎄? 단지 그 이유뿐일까?"

선생님이 방긋 웃으며 다른 모둠으로 자리를 옮겼다. 소희의 웃는 모습이 힐끗 보였다.

슬슬 아나운서의 한마디

주영이는 소희의 표정을 보고 소희가 잘 만들지 못하고 있다는 것을 알 수 있었어요. 선생님도 주영이의 표정을 보고 주영이가 소희를 좋아하고 있다는 것을 알게 되었지요.

이렇게 표정에는 사람의 기분과 생각이 잘 드러나요. 그렇다면 기분을 나타내는 말에는 어떤 것이 있을까요? 생각이 잘 떠오르지 않을 때에는 기쁨 · 화남 · 슬픔 · 즐거움 · 사랑스러움 · 싫음과 관련지어 생각해보세요.

그러면 '고마워요 · 무서워요 · 귀찮아요 · 놀라워요 · 미안해요 · 창피해요 · 서운해요 · 심심해요 · 지겨워요 · 억울해요' 등 여러 가지 기분을 나타내는 말을 떠올릴 수 있을 거예요.

다른 사람과 이야기를 할 때에는 상대방의 표정을 살피며 말하고, 상대방의 기분에 따라 '도와줄게, 사랑해, 고마워, 미안해, 괜찮아, 멋지다' 등 듣는 사람을 기분 좋게 하는 말을 하는 것도 중요해요.

그러나 상대방의 기분을 좋게 하는 이런 아름다운 말들은 자주 쓰지 않으면 필요할 때 어색해 제대로 사용할 수 없어요. 그러니 자주 써서 자연스럽게 나올 수 있도록 연습해야 합니다.

표정으로 기분을 맞춰라!

 아래 얼굴은 어떤 기분을 나타내는 것일까요?

보기

화난	깜짝 놀라는	기쁨에 넘치는
난처한	고통스러운	못마땅한
잘난 체하는	근심에 잠긴	

정답 근심에 잠긴, 못마땅한, 깜짝 놀라는, 고통스러운, 난처한, 기쁨에 넘치는, 화난, 잘난 체하는

감사하는 말과 위로하는 말

감사하는 말

○○은 훌륭한 사람이에요 | 고마워요 | 사랑합니다
멋져요 | 정말 잘 어울려요 | 좋은 하루 되세요 | 행복하세요
이런 일도 잘하는군요 | 잘했어요! |
부드러운 모습이 참 좋아요

위로하는 말

슬퍼하지 마세요 | 실패했으면 다시 하면 돼요
남의 비웃음에 신경 쓰지 마세요 | 언제나 ○○를 믿어요
이것이 ○○ 장점이에요 | 저는 언제나 ○○편이에요
용기 잃지 마세요 | 웃는 얼굴이 최고예요

다음 상황에 감사하는 말과 위로하는 말을 해 보세요.

❶ 자전거를 탈 수 있게 도와주신 아빠께 감사하는 말하기

❷ 시험 성적이 낮게 나온 친구에게 위로하는 말하기

2. 군말하지 말라고?

직업 체험을 하는 곳에 현장학습을 갔다 왔다. 집에 들어서자 엄마가 나를 반겼다.

"오늘 현장학습 재미있었니? 가서 뭐 하고 왔어?"

"에- 그게- 음- 그러니까- 여러 가지 직업을 체험했어요."

"직업? 넌 어떤 직업을 체험했니?"

"그게요- 그러니까- 소방관하고요. 에- 피자 만들기를 했어요."

"쓸데없는 군말은 빼고 천천히 말하면 안 될까?"

엄마가 답답하다는 듯 말을 이었다.

"피자 만들기는 직접 피자를 만드는 거야? 재료는 뭘 넣었어?"

"어- 직접 만들었어요. 재료는 치즈에다가요. 피망에다가요. 소고기까지 넣었어요."

"요도 빼고 말했으면 좋겠는데. 어쨌든 정말 맛있었겠다. 그런데 네가 만든 피자는 다 먹었어?"

이번에는 군말을 달지 않으려고 생각하며 숨을 한 번 들이마신 뒤 천천히 말을 꺼냈다.

"한 조각 남긴 했는데……."

"그래? 가져왔니? 엄마 맛 좀 보자."

엄마의 말에 나는 가슴이 뜨끔거렸다.

"다른 사람에게 줘버렸어요."

나는 대충 얼버무리고 얼른 자리를 피하려 화장실로 들어갔다. 하지만 엄마가 화장실까지 따라왔다.

"다른 사람? 누구?"

순간 식은땀이 흐르며 머리가 멍해졌다.

"먹다 남은 것은 포장했어요. 그래서 가지고 돌아다니면서 직업 체험을 하고 학교까지 가져오긴 했어요. 다들 피자 냄새가 좋다고 그러더라고요."

"얘가 지금 무슨 말을 하는 거야? 그러니까 누구에게 줬냐니까, 선생님?"

"아니, 소희에게 줬어요."

"소희? 엄마에게는 맛도 보여주지 않고 소희한테 줬단 말이야? 너 소희 좋아하니?"

"그게- 그러니까- 그게 아니라-."

난 대답도 못하고 한참이나 군말을 하며 머릿속을 정리해야 했다.

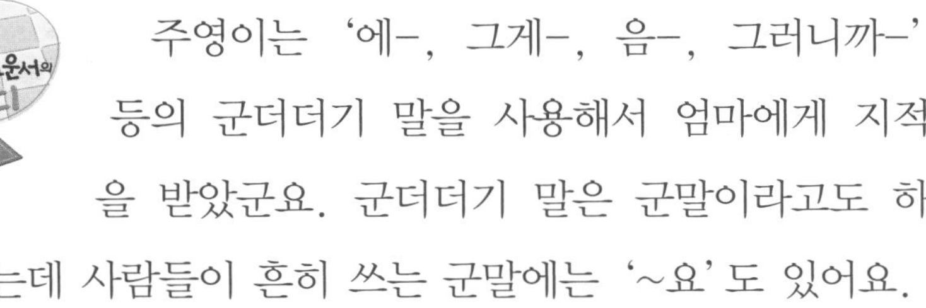

주영이는 '에-, 그게-, 음-, 그러니까-' 등의 군더더기 말을 사용해서 엄마에게 지적을 받았군요. 군더더기 말은 군말이라고도 하는데 사람들이 흔히 쓰는 군말에는 '~요' 도 있어요.

군말을 사용하는 까닭은 앞말과 뒷말을 자연스럽게 이어주면서 뒷말을 생각하는 시간을 벌기 위해서예요.

그런데 군말을 지나치게 많이 사용하면, 상대방을 정신없게 만들고 자기도 산만해져서 자기 생각을 제대로 전달할 수 없게 되지요. 그래서 군말을 많이 사용하는 사람은 대체로 주의가 산만하고 생각의 깊이가 부족한 사람이 많아요.

그런데 이런 습관을 고치기는 쉽지 않아요. 간단한 말부터 군말을 줄이도록 해야 하고, 할 말을 미리 생각해서 말하는 습관을 가질 수 있도록 노력해야 하지요.

또, 주영이는 핵심만 간단하게 말하지 않고 쓸데없는 이야기를 길게 했어요. 말할 때에는 간결하게 하는 것이 좋고, 특히 중요한 말일수록 짧게 말해야 자기 생각을 정확하게 전달할 수 있답니다.

군말을 줄여라!

❶ 말을 짧게 한다

★ ★

머릿속에서 자기가 하고 싶은 말을 정리한 후 말을 짧게 하는 것이 좋아요.

❷ 잠시 말을 멈춘다

★ ★

군말을 하는 것보다는 말을 잠시 멈추는 것이 좋아요. 특히, 긴 이야기 중에 중요한 말을 하고 싶다면 이야기를 하기 전에 잠깐 쉬며 자기 생각과 감정을 조절하면 더욱 정확하게 자신의 말을 전달할 수 있어요.

❸ 꾸준히 연습한다

★ ★

주위에 도움을 요청하고 자신이 군말을 몇 번이나 썼는지 물어보는 것도 좋아요. 잘못된 것을 고치는 것은 절대 창피한 것이 아니랍니다.

사족(巳足)의 유래

옛날 초나라 때 어느 집에서 잔치가 열렸어요. 주인은 귀한 술 한 병을 손님상에 내놓았지만, 술병이 작아 손님 여러 명이 함께 나누어 마시기가 곤란했지요.

"뱀을 가장 먼저 그린 사람이 혼자서 술을 마시기로 하겠소."

주인의 말에 손님들은 뱀을 그리기 시작했어요. 그중 한 손님이 그림을 다 그린 뒤 아무도 그림을 완성하지 못한 것을 알고, 여유를 부리며 자신의 그림 솜씨를 뽐내기 위해 뱀의 몸통에 네 개의 다리를 그렸어요. 그러고 나서 술병을 집으려고 했지요.

그때, 뒤늦게 그림을 다 그린 사람이 말했어요.

"아니, 이게 무슨 뱀 그림이오? 뱀이 다리가 어디 있다고? 이건 뱀 그림이 아니니 이 술병은 내 것이오."

뱀의 다리까지 그려 넣은 사람은 어이없다는 듯 주위를 둘러보았지만, 모든 사람이 뱀 그림이 아니라고 했어요.

그때부터 필요 없는 것을 일컫거나 쓸데없는 말이나 행동에 '사족(巳足)을 단다' 라고 했답니다.

3. 토론은 말싸움이 아냐!

"주영아, 어제 네가 준 피자 잘 먹었어. 고마워!"

교실 앞에서 소희가 말했다. 소희의 말에 내 마음이 환하게 밝아지며 엄마에게 미안했던 마음도 눈 녹듯 사라지고 말았다.

수업이 시작되자 선생님이 소희를 불렀다.

"소희야, 네가 사회자 역할을 한다고 했었지?"

소희는 선생님 말에 고개를 끄덕이며 교실 앞으로 나갔다.

"학교에서 핸드폰 사용에 대한 문제점이 많이 제기되었습니다. 그래서 지금부터 '핸드폰을 아침에 걷어야

하는가?' 라는 주제로 토론을 시작하겠습니다. 먼저 찬성측 의견을 말해 주십시오."

그러자 효주가 손을 들고 일어섰다.

"저는 '핸드폰을 아침에 걷어야 하는가?' 라는 토론 주제에 대하여 찬성합니다. 핸드폰을 아침에 걷어야 수업 시간이나 쉬는 시간에 핸드폰으로 생기는 문제가 일어나지 않기 때문입니다."

"이번에는 반대측에서 의견을 말해 주시기 바랍니다."

소희의 말에 재민이가 손을 들었다.

"저는 '핸드폰을 아침에 걷어야 하는가?' 라는 토론 주제에 대하여 반대합니다. 강제로 걷는 것보다는 자기 스스로 조심해서 사용하는 것이 더 바람직하기 때문입니다."

"맞아. 재민이 말이 맞아."

내가 중얼거렸다.

"문주영 어린이는 조용히 해 주시기 바랍니다.

할 말이 있으면 반론할 때 말해 주시기 바랍니다."

소희가 날 쳐다보며 말했다. 나는 소희가 핀잔을 주는 것 같아 입을 비쭉 내밀었다.

"핸드폰 걷는 것도 사생활 침해 아냐? 안 그래?"

난 도윤이에게 말했다. 그러자 도윤이가 손가락으로 입을 가리며 조용히 하라고 했다.

"왜?"

그때 소희가 말했다.

"지금 우리는 토론을 하는 것이지 말싸움하는 것이 아닙니다. 그러므로 문주영 어린이는 토론의 절차에 따라 자기주장을 말해 주시기 바랍니다."

소희의 뒤를 보자 선생님이 날카로운 눈빛으로 쳐다보고 있었다. 나는 입술만 실룩거린 채 아무 대꾸도 하지 못했다. 하지만 생각할수록 톡톡 쏘아대는 소희가 얄미웠다.

술술 아나운서의 한마디

토론의 궁극적인 목적은 설득을 통하여 최선의 결론에 이르는 것이에요. 그러므로 토론을 하면서 무조건 자기주장이 정답인 것처럼 우기거나, 다른 사람의 의견을 무시하거나, 감정적으로 대하여 목소리가 높아지지 않도록 주의해야 하지요.

그리고 토론에도 정해진 규칙이 있기 때문에 토론에 참석하는 사람들은 이 규칙을 지키며 주어진 시간 안에 자신의 주장을 펼쳐야 해요.

또, 상대편을 설득하기 위해 의견을 제시하거나 사실을 제시할 수도 있어요. 의견을 제시할 때에는 주장에 알맞은 의견이어야 하며, 사실을 제시할 때에는 사실을 뒷받침하는 자료를 준비하는 것이 좋아요.

토론을 잘하기 위해서는 가장 먼저 자신 있는 당당한 자세와 뚜렷한 목소리로 자기주장을 말해야 합니다. 이때 상대방을 똑바로 바라보며 웃는 얼굴로 말하는 것이 좋아요.

또, 상대방의 주장에 대해 메모를 하며 침착하게 반론할 내용을 준비하여 토론 순서와 방법에 따라 참여해야 한답니다.

토론 순서와 말하기 방법

1 토론 주제 선정 배경과 규칙 설명(사회자)

토론의 진행은 사회자가 하며, 찬성측과 반대측, 판정인 등 토론에 참여하는 사람들은 사회자의 지시에 따라야 해요.

사회자는 토론 진행 및 토론자들의 발표순서, 발표시간, 주의 사항 등을 알려주는 역할을 합니다.

2 입론 주장 펼치기(찬성측과 반대측)

입론이란 주어진 토론 주제에 대하여 처음으로 자기의 생각을 내세우는 과정으로 주장이 뚜렷하게 드러나도록 말을 해야 하지요.

3 1차 협의시간

자신과 다른 생각을 가진 사람이 내세운 입론에 대해 반대하는 반론을 준비해요.

4 반론 펴기 입론에 대한 반론(반대측과 찬성측)

반론은 입론에서 내세운 상대측의 주장을 약화시키거나 무너뜨리는 역할을 해요.

반대측 저는 유감이지만 찬성측의 주장에 동의할 수 없습니다. 핸드폰을 걷어버리면 급할 때 사용할 수 없기 때문입니다.

찬성측 '돌다리도 두들겨 보고 건너라'는 속담이 있습니다. 아무리 조심한다고 해도 가끔 벨이 울리기라도 하면 수업을 방해할 수 있기 때문에 미리 조심하는 것이 중요합니다.

반대나 부정하는 말을 할 때에는 '저는 ~라는 주장에 대해 찬성할 수 없습니다.', '저는 그렇게 생각하지 않습니다.', '유감이지만 ~라는 주장에 동의할 수 없습니다.' 등의 표현으로 말하는 것이 좋아요.

5 2차 협의 시간

반론에 대한 반론을 펼칠 준비를 해요.

6 반론 꺾기(찬성측과 반대측)

반론 꺾기는 반론에서의 차례와 바꾸어 발표하게 하지요.

찬성측 핸드폰을 갖고 있으면 수업시간에 선생님 말씀에 집중하지 못하고, 쉬는 시간이나 점심시간에 휴대폰에 정신을 빼앗겨 버리게 됩니다. 그러므로 핸드폰은 우리의 학교생활을 방해하는 요소라고 생각합니다.

반대측 핸드폰을 아침에 걷더라도 핸드폰을 하고 싶은 마음은 변하지 않을 것입니다. 오히려 그것이 수업에 방해될 수 있습니다. 그러므로 핸드폰을 개인이 보관하는 것이 옳다고 봅니다.

7 3차 협의 시간

마지막 의견을 정리하는 시간이에요.

8 최종변론 주장 다지기(반대측과 찬성측)

마지막으로 자신들의 주장을 강조하는 시간으로, 이때에도 반론 꺾기에서의 차례와 바꾸어 발표하게 하지요.

반대측 개인의 사생활을 존중하는 차원에서 핸드폰은 개인이 보관해야 하는 것이 좋습니다. 그러므로 '핸드폰을 아침에 걷어야 하는가?' 라는 논제에 대하여 반대합니다.

찬성측 핸드폰에서 나오는 전자파가 우리 몸에 좋지 않은 것은 누구나 아는 사실입니다. 그리고 수업에 방해되는 것은 한 사람만의 문제가 아니라 우리 학급 전체의 문제입니다. 그러므로 '핸드폰을 아침에 걷어야 하는가?' 라는 논제에 대하여 찬성합니다.

9 **판정하기**(판정인)

판정인이 찬성측과 반대측의 주장을 정리하여 토론 결과를 판정하게 되지요. 찬성측과 반대측은 판정인의 판정에 절대로 승복하여야 하고 이의를 제기해서는 안 돼요. 그리고 토론이 끝난 후 서로의 주장이 달랐다고 말싸움을 하는 일은 없어야 하지요.

판정인 지금까지 찬성측과 반대측이 서로 대등하게 주장을 펼쳤습니다. 하지만 우리는 아직 자라는 시기이고 공부에 집중해야 하는 시기이기 때문에, 핸드폰을 아침에 걷어야 한다는 찬성측의 주장에 설득력이 있다고 봅니다.

4. 말에도 순서가 있어?

"왜 이렇게 기운이 없어?"

집으로 들어가자 엄마가 내 표정을 살피며 물었다. 나는 아무 말도 하지 않았다.

"학교에서 무슨 일 있었니? 누구랑 싸웠어?"

엄마가 다시 물었다.

"아니에요. 그런데 여자애들은 다 그렇게 변덕쟁이에요?"

"왜? 여자애랑 싸웠구나? 누구랑?"

"여자애랑 싸운 건 아니에요. 사실 미술 시간에 제가 도와주기도 했었거든요."

"오늘?"

"아니요, 그건 오래전에……."

엄마가 고개를 갸웃거렸다.

"그럼 오늘은 무엇 때문에 싸운 거야?"

"저는 틀린 말 안 했어요."

"무슨 말을 했는데?"

"사생활 침해라고 했어요. 그랬더니 말싸움을 한다고 나보고 뭐라고 하잖아요."

"사생활 침해하면 안 되는 건 사실이잖아. 그런데 말싸움은 왜 한 거야?"

엄마가 내 편을 들어주었다.

"그게 피자 맛있게 먹었다고 해서 기분이 좋았는데……."

"그건 어제 일이잖아. 오늘 왜 싸웠느냐니까? 뒤죽박죽 말하지 말고 좀 알아들을 수 있게 순서대로 말해봐. 그리고 네가 잘못해서 싸웠으면 빨리 핸드폰으로 미안하다고 사과 문자라도 보내."

"핸드폰 때문에 그런 일이 생겼거든요."

"뭐라고? 도대체 무슨 소리야? 됐다, 됐어. 넌 싸워도 당연해. 보나 마나 친구들에게도 그렇게 말했을 테니까."

엄마는 더 이상 알기 귀찮다는 듯 손사래를 쳤다.

술술 아나운서의 한마디

주영이가 학교에서 있었던 일을 순서 없이 뒤죽박죽 말했어요. 그래서 엄마가 이해하기 힘들어하는군요.

일이 일어난 차례대로 말하기 위해서는
시간을 나타내는 말과 이어주는 말을 잘 이용해야 해요.

시간을 나타내는 말이란 일이 일어난 때를 알게 해 주는 말이에요. '지난번에, 어제, 오늘 수업 시간에' 등 일이 일어난 순서대로 말을 해 주면 듣는 사람은 일이 일어난 차례를 쉽게 알 수 있어요.

또, 이어 주는 말은 문장과 문장을 이어 주는 구실을 하는 말로, 문장과 문장 사이에 '그리고, 그래서, 왜냐하면, 그러나' 등의 이어 주는 말을 넣게 되면 문장의 연결 관계가 분명해져요. 또한, 이어 주는 말을 넣게 되면 글의 내용을 더 쉽게 이해할 수 있지요.

이렇게 시간을 나타내는 말과 이어주는 말을 이용해 이야기를 전달해야 전달할 내용을 정확하고 바르게 전할 수 있고, 일이 일어난 원인과 결과를 쉽게 알 수 있답니다.

유창한 법칙

시간을 나타내는 말

아래 보기에서 과거, 현재, 미래, 특정 시간에 알맞은 시간을 나타내는 말을 찾아 써 보세요.

보기

10여 년 전　1월 1일　5년 뒤　그때 즈음　내년에　내일
○○년　○시 ○분　○월 ○일　모레　바로 지금　사흘 후
앞으로　어린이날　어릴 때　어제　열 살 때　오늘
유치원 다닐 때　일주일 전　지금　하루 뒤　해질 무렵

정답 과거 어제, 일주일 전, 열 살 때, 10여 년 전, 어릴 때, 유치원 다닐 때 현재 오늘, 지금, 바로 지금 미래 내일, 모레, 사흘 후, 5년 뒤, 앞으로, 그때 즈음, 내년에, 하루 뒤 특정시간 ○○년, ○월 ○일, ○시 ○분, 해질 무렵, 1월 1일, 어린이날

유창한 법칙

이어 주는 말의 종류와 쓰임새

그리고, 또, 또한

★ ★

앞의 내용과 비슷한 내용이나, 좀 더 보태어 설명하는 내용을 이어 주는 말

그래서, 그러므로, 그러니까

★ ★

앞의 내용과 뒤의 내용을 원인과 결과의 관계로 이어 주는 말

그러나, 그렇지만, 그런데, 하지만

★ ★

앞의 내용과 반대되는 내용을 이어 주는 말

왜냐하면

★ ★

앞의 내용과 뒤의 내용을 결과와 원인의 관계로 이어 주는 말

tip

'그러나' 는 앞의 내용과 뒤의 내용이 반대되는 내용일 때 이어주는 말이고, '하지만' 은 앞의 내용을 포함하여 인정하면서 앞의 내용과 뒤의 내용이 대립할 때 이어주는 말이에요.

5. 유머로 웃겨 봐!

쉬는 시간에 아이들이 둘러앉았다. 소희도 저만치 떨어져 앉아 있었다.

"야, 곤충을 세 부분으로 나누면 어떻게 되는지 알아?"

"그거야, '머리, 가슴, 배'로 나눌 수 있잖아."

재민이가 묻자 도윤이가 곧바로 대답했다. 그러자 재민이가 깔깔거리며 웃었다.

"야, 곤충을 세 부분으로 나누면 '죽. 는. 다.' 야."

재민이의 말에 소희가 재미있다는 듯 웃었다.

"야, 지금이 어떤 시대인데 할아버지 때 유행했던 유머를 하냐?"

내가 끼어들었다. 그러면서 슬쩍 소희의 얼굴을 쳐다보았다. 소희가 은근히 기대하는 것 같았다.

"백설공주가 뭘 먹고 죽었지?"

"사과."

소희가 당연하다는 듯 대답했다.

"땡! 백설공주는 죽지 않았어."

그러자 소희의 얼굴이 빨개졌다. 하지만 눈은 밝게 웃고 있었다.

"그럼 이번에는 답이 2개니까 잘 대답해 봐."

"학교 정문에 배나무가 있는데, 거기에 배가 몇 개 열려있지?"

"야, 그걸 어떻게 알아? 그건 아무도 알 수 없어."

재민이가 되물었다.

"답을 알려줘도 모르냐? 처음 시작할 때 답이 2개라고 했잖아."

그러자 아이들이 깔깔깔 웃었다. 소희도 옆에서 웃고 있었다. 나는 쉬지 않고 계속 이야기를 했다.

"애들아, 달리기를 하는데 2등을 추월하면 몇 등이지?"

"그거야 당연히 1등이지!"

효주가 자신 있게 대답했다.

"야, 2등을 추월하면 2등이지 왜 1등이냐?"

"아차! 그렇지?"

내 말에 소희와 아이들이 깔깔깔 웃었다. 내 마음까지 환하게 밝아졌다.

주영이는 소희를 웃기는 데 성공했군요.

유머 감각이란 순간적인 어떤 말이나 표정, 동작 등을 통해 사람들을 웃길 수 있는 능력을 말해요.

유머는 대화할 때 긴장을 풀게 해 대화의 분위기를 밝게 해 주고, 사람과 사람 사이의 친밀감을 높여 좋은 인간관계를 유지하는 데 중요한 역할을 하지요. 그래서 유머를 사용하면 힘들이지 않고도 좋은 결과를 얻을 수 있답니다.

이처럼 유머는 우리의 언어생활과 사회생활에 많은 영향을 미치기 때문에 유머는 대화에 있어 훌륭한 양념이라고 할 수 있어요.

그런데 유머 감각이 없다고요? 걱정 마세요. 유머 감각은 타고나는 것이 아니라 노력하여 만들 수 있어요.

먼저, 생활 속에 있었던 자신의 실수담 중에 재미있었던 일을 기록해 놓거나 책이나 방송, 인터넷을 통해 재미있는 이야기를 모아서 가까운 사람들에게 이야기해 보세요. 이렇게 준비하는 자세가 유머를 기르는 밑바탕이 돼요.

그리고 유머를 말할 때에는 몸동작이나 손동작을 잘 활용하고, 말투도 단조롭지 않게 변화를 주는 것이 필요하답니다.

유창한 법칙

유머를 잘하는 방법

1 내가 먼저 웃지 않는다

개그맨들이 다른 사람을 웃기면서 자기들은 웃지 않아요. 남을 웃겨야 하는데 내가 먼저 키득거리면 안 되지요.

2 유머는 짧고 간단하게 말한다

너무 길게 상황을 설명하는 것은 유머가 아니라 그냥 이야기예요.

3 이야기 흐름 속에서 자연스럽게 유머를 사용한다

아무리 재미있어도 상황에 어울리지 않는 것은 이야기의 흐름을 깨뜨릴 수 있어요.

4 유머가 실패했을 때에는 그냥 모른 척 넘어간다

다시 수습하려고 하다 보면 더 낭패를 볼 수 있어요.

5 새로 나오는 유머를 모은다

인터넷 검색창을 통해 남들이 모르는 새로운 유머를 찾아보세요. 그리고 자기가 겪은 일이나 다른 사람들의 이야기 중에서 재미있었던 이야기를 기억해두세요.

재미있는 유머

❶ 숫자 0만 다니는 학교에 숫자 8이 전학을 가서 첫인사를 했어. 그러자 숫자 0들이 뭐라고 말했을까요?

❷ 먼저 '포크'를 큰 소리로 열 번 말하세요. 그러면 수프는 무엇으로 먹을까요?

❸ 달리기를 하는데 꼴등을 추월했어요. 그럼 몇 등이 될까요?

❹ '뽀빠이'에 '비읍'은 몇 개가 들어가 있나요?

❺ 올챙이는 찬물에 알을 낳을까요? 따뜻한 물에 알을 낳을까요?

정답

❶ "야. 너 허리띠 풀어."
❷ 설마 수프를 포크로 먹지는 않겠지요?
❸ 꼴등보다 앞섰다고요? 어떻게 꼴등을 추월할 수 있지요?
❹ 설마 4개는 아니지요. 쌍비읍이 2개 있는 거지요. 정답은 0개예요.
❺ 올챙이는 알을 낳지 못해요.

4장

미안해는 내가 먼저!

삐리리릿, 전화가 왔어

이제 바르게 말할래!

칭찬으로 친해지기

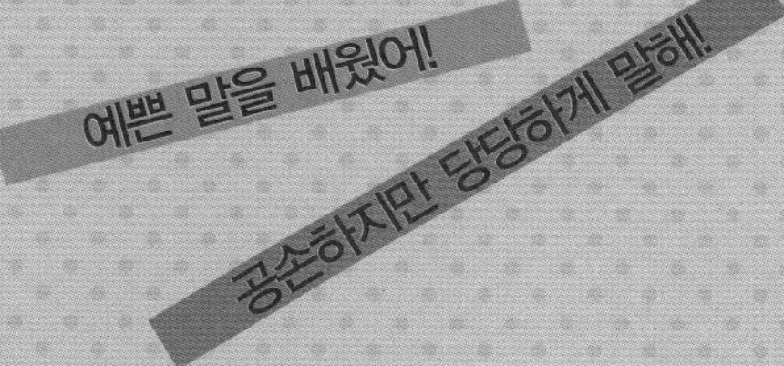

1. 미안해는 내가 먼저!

폐지를 버리러 가는 길이었다. 복도에서 뛰던 재민이와 부딪히고 말았다. 폐지함이 뒤집어지면서 순식간에 폐지들이 복도 여기저기에 흩어졌다.

"야, 복도에서 뛰면 어떡해?"

내가 신경질을 부리며 빽 높은 소리를 질렀다.

"에이 씨, 그러는 너는 도대체 눈을 어디에 달고 다니는 거야?"

재민이도 지지 않겠다는 듯 눈을 크게 뜨고 덤벼들었다. 순간 이런 일로 싸울 필요가 없다는 생각이 들었다.

"어쨌든 너 때문에 쏟아졌으니까, 이거 줍는 거나 도와줘."

목소리를 최대한 낮추어 말했다.

"내가 왜? 네가 잘못한 거니까 네가 주워."

재민이는 말이 끝나기가 무섭게 쪼르르 교실로 들어가 버렸다. 결국, 혼자서 폐지를 주워 폐지함에 다시 넣어야 했다.

그런데 생각하면 할수록 짜증이 솟구쳤다. 나는 폐지를 버리고 오면서 길게 심호흡을 했다. 여러 번 하자 터질 듯 부풀었던 마음이 조금 수그러들었다.

교실에 들어가자 재민이가 내 눈길을 일부러 피하고 있는 것 같았다. 재민이에게 다가갔다.

"재민아, 아까는 화 많이 났지? 내가 급하게 가다가 부딪혀서 미안해."

내가 먼저 사과를 했다.

"아냐. 나도 잘못했어. 폐지 떨어진 거 도와주지 못해서 미안해."

재민이가 고개를 저으며 말했다. 나는 씩 웃으며 재민이에게 손을 내밀었다. 재민이가 내 손을 덥석 잡으며 가볍게 흔들어주었다.

수업이 끝나고 교문을 나설 때였다.

"주영아, 우리 공원에 자전거 타러 가지 않을래? 내가 사과하는 뜻으로 아이스크림 사줄게."

재민이었다. 하지만 나는 곧바로 학원에 가야 했다.

"미안해. 지금은 어려울 것 같아. 학원에 가야 하거든. 다음에 함께 놀면 안 될까?"

"다음에? 그래. 다음에 시간 정해서 함께 자전거 타자."

"그래. 잘 가, 안녕!"

"안녕!"

집으로 돌아가는 발걸음이 무척 가벼웠다.

술술 아나운서의 한마디

우리는 생활하면서 주영이와 재민이처럼 다투기도 하고, 서로 잘못에 대해 사과하기도 하고, 상대방에게 요청하는 일이 생기기도 하고, 거절하기도 해요.

그런데 이렇게 상대방에게 사과하고, 요청하고, 거절할 때에는 상대방의 처지를 고려해서 알맞은 말을 해야 서로에게 상처가 되지 않아요. 특히 실수로 상대방과 부딪히거나, 상대방의 물건을 망가뜨리거나, 상대방의 기분을 나쁘게 했을 때 서로 '네가 잘못했어, 너 때문이야' 라고 하면서 싸우는 것은 서로의 인간관계에 도움이 되지 않지요.

사과하는 것은 자신이 잘못한 점을 먼저 인정하고 용서를 구하는 행동이에요. 그래서 사과하는 행동은 솔직한 인간관계를 맺는 데 도움이 되지요. 누구든 사과를 받으면 화났던 것이 사라지고 자신도 미안하다고 느끼게 되기 때문이에요.

사과할 때에는 그냥 "미안해!"라고 짧게 표현하기보다는 "미안! 내가 모르고 밟았어. 아프지 않니? 괜찮아?" 하고 몇 마디 더 붙이는 게 가장 기본적인 사과 방법이랍니다.

유창한 법칙

사과 잘하기

빨리 사과한다

잘못한 것을 알게 되었다면 최대한 빨리 사과하는 것이 중요해요. 상황을 피하고 싶더라도 빨리 사과할 줄 아는 용기가 필요하지요.

직접 사과한다

사과는 직접 만나서 하는 것이 좋아요. 그래야 자연스러운 분위기를 만드는 데 도움이 되지요. 만나기 어려운 상황이라면 편지로 사과하는 것도 좋아요.

상대방의 말을 듣고 사과한다

무작정 사과부터 하기보다는 상대방이 왜 화가 났는지 이야기를 들어준 뒤에 사과하는 것이 좋아요.

진실한 마음으로 사과한다

자신이 무엇을 잘못했는지 확실하게 알고 사과를 해야 해요. 만약 잘못도 모른 채 사과를 하는 것은 오히려 일을 더 크게 만들 수 있지요. 무엇보다 자신의 잘못을 반성하고 다시는 그러지 않겠다고 다짐하는 것이 필요해요.

유창한 법칙

상대방이 충분하다고 할 때까지 사과한다

사과하는 것은 상대방의 상한 마음을 풀어주는 것이에요. 그렇기 때문에 상대방이 충분하다고 느낄 때까지 사과해야 하지요. 이때, 상대방의 감정을 상하게 하는 말보다는 좋아할 만한 말을 하는 것이 좋아요.

제대로 부탁하기

- 상대방이 자신의 부탁을 들어줄 수 있는지 살펴보세요.
- 원하는 것을 구체적으로 생각하고 그 까닭을 자세히 말하세요.
- 예의 바른 태도로 말하세요. 특히 상대방이 부탁을 들어주었을 때 고마움을 표현해야 하지요.
- 상대방이 거절할 때에도 그 거절을 받아들일 준비가 되어 있어야 해요.

요청할 때 쓰는 말

- 너에게 부탁이 있어.
- 괜찮다면~.
- 미안하지만, (도와)줄 수 있니?
- 정말 미안한데 오늘 너에게 부탁할 게 있어.
- 내 부탁 좀 들어줄 수 있겠니?
- 힘들겠지만 네가 내 부탁을 들어줬으면 좋겠어.
- 잠깐만 시간 좀 내줄 수 있겠니?

거절 잘하기

1 거절하는 의사를 확실하게 밝혀야 해요. 그리고 거절하는 까닭을 자세하고 친절하게 말해 주어야 하지요.

2 조용한 목소리로 단호하면서도 진지하게 말하세요.

3 상대방의 마음을 헤아려 상대방의 마음을 상하게 하는 말을 하지 마세요.

4 다른 방법을 제시해 주면 좋아요.

거절할 때 쓰는 말

- 미안해.
- 지금은 곤란해.
- 안 되겠는데…….
- 어려울 것 같아.
- 오늘은 너랑 놀아줄 수 없어.
- 내가 오늘까지 해야 할 일이 많거든.

2. 삐리리릿, 전화가 왔어

"삐리리릿! 삐리리릿!"

전화벨이 울렸다. 수화기를 들었다.

"여보세요. 주영이네 집이지요?"

낯익은 목소리였다.

"예."

"주영이로구나. 나 할아버지다."

"할아버지, 안녕하세요?"

"그래, 다들 잘 있지?"

"예, 모두 다 잘 계세요. 할아버지도 몸 건강하시죠?"

"그래, 괜찮다. 엄마 좀 바꿔주렴."

"엄마, 슈퍼에 가셨어요. 들어오시면 연락드리라고 할까요?"

"아니다. 엄마 들어오면 보내준 이불 잘 받았다고 전해 주고, 내가 다음에 다시 전화하마. 너도 잘 지내고, 알았지?"

"네, 알겠습니다."

Memo

할아버지가 수화기를 내려놓은 뒤 나도 수화기를 내려놓았다.

"삐리리릿! 삐리리릿!"

잠시 후, 다시 전화벨이 울렸다.

"김명희 씨네 집이지요?"

오랜만에 들어보는 엄마 이름에 깜짝 놀랐다.

"예, 맞습니다."

"아들인가 보구나? 난 엄마 고등학교 동창이란다. 오랜만에 전화했더니 핸드폰 번호가 바뀌었더구나. 혹시 핸드폰 번호를 알려줄 수 있니?"

"죄송하지만 그건 엄마에게 물어봐야 해요."

"그래. 그럼 내 이름과 핸드폰 번호를 알려줄 테니 엄마에게 알려줄 수 있지?"

나는 핸드폰 번호와 이름을 받아 적었다. 그리고 전화를 끊은 뒤 엄마에게 문자로 알려주었다.

술술 아나운서의 한마디

주영이가 전화를 예의 바르게 받았군요. 우리는 일상생활에서 전화를 많이 사용해요. 친구에게 준비물을 물어보거나 약속 시각을 잡을 때에도 전화를 사용하고, 음식점에 음식을 주문할 때에도 전화를 많이 사용하지요. 게다가 요즘에는 핸드폰의 사용이 보편화되어 전화 사용이 더 많아지고 있어요.

그런데 직접 만나 대화하면 눈을 보면서 말할 수 있고 표정을 살펴볼 수 있지만, 전화로 대화하면 직접 얼굴을 볼 수 없어요. 그래서 전화 통화를 하면서 받는 사람의 입장을 고려하지 않고 함부로 하는 경우가 있어요.

전화를 걸고 받을 때에는 중요한 내용만 간단히 말해야 해요.
그리고 전화로 대화할 때에도 예절을 지키며 말하고
상대방의 표정이나 주변 상황을 볼 수 없으므로
서로 확인하며 대화해야 하지요.

통화는 간단하게 그리고 고운 말씨, 예의 바른 태도를 보여야 한다는 걸 잊지 마세요.

유창한 법칙

전화를 걸 때

❶ 전화를 걸기 전에

☎ 전화를 걸기에 알맞은 때인가?

☎ 말할 내용을 생각했는가?

❷ 전화를 걸기 시작할 때

☎ 전화할 곳에 맞게 전화한 것인가?

☎ "여보세요?"라고 말했는가?

☎ 전화를 건 사람이 누구인지 밝혔는가?

❸ 통화할 때

☎ 용건을 말했는가?

☎ 꼭 필요한 말만 간단히 했는가?

☎ 알맞은 높임말을 썼는가?

☎ 이야기가 길어지면 상대방의 시간이 어떠한지 물어보았는가?

❹ 전화를 끊을 때

☎ "안녕히 계세요. 이만 끊겠습니다."라고 알맞은 끝인사를 분명히 했는가?

☎ 전화를 받은 사람이 끊을 때까지 기다렸는가?

친구에게 준비물을 물어볼 때

삐리리릿~ 삐리리릿~

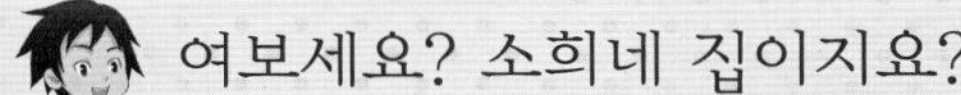
여보세요? 소희네 집이지요?

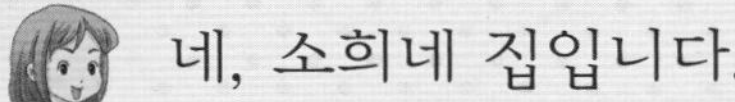
네, 소희네 집입니다.

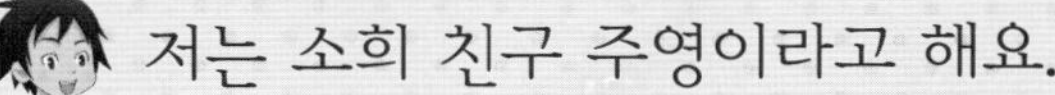
저는 소희 친구 주영이라고 해요.

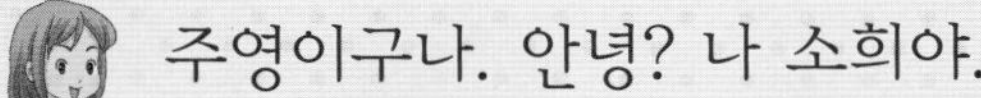
주영이구나. 안녕? 나 소희야.

소희야, 안녕? 내가 깜빡 잊고 알림장을 학교에 놓고 와서 그러는데, 내일 미술 준비물 좀 가르쳐 줄래?

응, 작은 상자 여러 개를 가져오라고 했어. 과자 상자 같은 거면 더 좋다고 하셨지.

고마워, 그럼 내일 만나자. 안녕!

그래, 안녕!

유창한 법칙

전화를 받을 때

❶ 전화를 받기 전에

☎ 전화벨 소리를 들었는가?

☎ 전화가 오면 하던 일을 멈추고 빨리 받았는가?

❷ 전화를 받기 시작할 때

☎ "여보세요?"라고 말했는가?

☎ 전화를 받은 사람이 누구인지 밝혔는가?

☎ 전화가 잘못 걸려왔을 때에는 '아니에요' 라는 말 대신 '전화가 잘못 걸렸습니다' 라고 말했는가?

❸ 통화할 때

☎ 전화를 듣고 있다는 것을 알려주는 말을 했는가?

☎ 꼭 필요한 말만 간단하게 했는가?

☎ 모든 내용을 다 적으려고 하기보다는 중요하다고 생각하는 내용만 간단하게 적었는가?

☎ 잘못 알아들은 말은 되물었는가?

❹ 전화를 끊을 때

☎ 알맞은 끝인사를 했는가?

☎ 전화를 건 사람이 끊을 때까지 기다렸는가?

유창한 법칙

이웃집 아주머니의 전화를 받을 때

삐리리릿~ 삐리리릿~

 여보세요? 주영이네 집이지요?

 예, 주영이네 집입니다.

 응, 주영이로구나. 나 엄마 친군데 엄마 집에 계시니?

 아니오. 지금 안 계세요. 오시면 말씀드릴까요?

 그렇구나. 내가 핸드폰으로 전화해볼게.

 예, 알겠습니다. 안녕히 계세요.

 그래, 너도 안녕!

3. 칭찬으로 친해지기

"종이컵에 물을 넣고 불 위에 올려놓으면 종이컵이 타지 않아요. 왜 그러는지 아는 사람 있어요?"

수업 중에 선생님이 질문을 했다. 아이들은 그 까닭을 모르는지 아무도 손을 들지 않았다.

텔레비전에서 본 기억이 나는 것 같아서 손을 들었다.

"그건 컵 속의 물이 100도가 되어야 끓어서 수증기가 되기 때문입니다."

"맞아요. 하지만 정확한 답은 컵 속에 담긴 물이 열을 빼앗아 가기 때문이에요."

내 대답이 정확하지 않았지만 부끄러워하지 않고 환하게 웃었다.

쉬는 시간에 도윤이가 나에게 다가왔다.

“넌 참 적극적이구나? 어떻게 틀릴 것을 두려워하지 않고 손을 잘 드니? 대답하는 용기를 가진 네가 부러워.”

“고마워. 다음에는 틀리지 않도록 열심히 해볼게.”

도윤이의 칭찬에 조금 쑥스러웠다. 하지만 앞으로 더 열심히 해야겠다는 자신감을 가질 수 있었다.

음악 시간에 도윤이가 앞에 나가 큰 소리로 노래를 불렀다.

"정말 자신 있게 부르는데?"

내가 칭찬을 하자 도윤이도 기분이 좋은 듯했다. 많은 대화를 나누지 않았지만 도윤이와 더욱 가까워진 것 같았다.

그때, 재민이가 끼어들었다.

"맞아, 도윤이 너 가수 해도 되겠더라. 불후의 명동요 같은 프로그램에 나가보는 것은 어때?"

재민이의 말에 나와 도윤이는 고개를 갸웃거리며 재민이의 얼굴을 쳐다보았다.

"재민아, 너 왜 그러니? 도윤이에게 뭘 바라는 게 있는 거 아냐? 수상한데?"

"그래. 내가 노래를 잘하긴 하지만 그건 좀 아닌 것 같은데? 네가 좀 오버하는 거 아냐?"

나와 도윤이의 말에 재민이가 뒷머리를 긁적거렸다.

"그런가? 나는 칭찬이 고래도 춤추게 한다고 해서 도윤이를 칭찬하면 노래 부르면서 춤도 추지 않을까 싶어서."

"뭐라고?"

나와 도윤이는 서로 얼굴을 보고 배시시 웃었다. 그러다가 웃음소리가 더 커졌다.

술술 아나운서의 한마디

주영이는 적극적으로 손을 들어 발표했어요. 말할 수 있는 용기를 갖는 것은 언어습관에서 매우 중요하지요. 그리고 도윤이는 틀린 대답을 하더라도 용기 있게 손을 들고 말하는 행동을 칭찬해 주었어요. 그래서 주영이는 용기와 자신감을 얻을 수 있었지요.

이렇게 칭찬은 좋은 점이나 잘한 일을 높이 평가하여 이야기하는 것을 뜻해요. 칭찬하는 말을 주고받으면 서로의 마음이 편안해지고 상대방에게 고마움을 느끼게 되지요. 그리고 상대방과 이야기하기가 참 편해져요. 사람은 누구나 칭찬을 들으면 상대방에 대한 긴장감을 풀기 때문이지요. 그래서 친구와 칭찬하는 말을 주고받으면 친구와 친하게 지낼 수 있답니다.

또, 칭찬을 주고받으면 다음에도 칭찬받는 행동을 하려고 노력하게 되고 친구들의 장점을 찾게 돼요. 그렇게 상대방을 이해하려는 마음은 사람을 대할 때 자신감을 갖게 도와주지요.

여러분도 그냥 지나치기 쉬운 친구들의 장점을 찾아 칭찬해보세요. 하지만 칭찬을 너무 많이 하거나 과장된 칭찬은 믿음을 얻을 수 없다는 걸 잊지 마세요.

바르게 칭찬하기

1. 상대방의 말과 행동을 눈여겨보고 있다가 사소한 것이라도 긍정적으로 보고 칭찬거리를 찾으세요.
2. 칭찬거리가 생겼을 때 바로 칭찬하세요.
3. 진실하고 솔직한 마음으로 칭찬하세요.
4. 칭찬할 때에는 결과뿐만 아니라 과정도 함께 자세히 칭찬하세요.

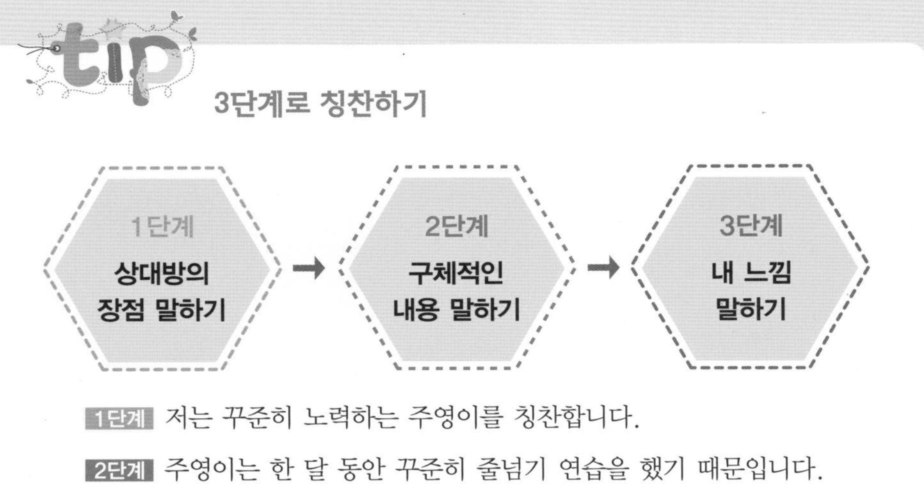

1단계 저는 꾸준히 노력하는 주영이를 칭찬합니다.

2단계 주영이는 한 달 동안 꾸준히 줄넘기 연습을 했기 때문입니다.

3단계 그래서 저는 주영이의 끈기를 배우고 싶습니다.

칭찬에 어떻게 반응할까?

바르게 칭찬하는 것도 중요하지만 칭찬하는 말에 어떻게 반응하느냐도 무척 중요해요. 다음 여러 가지 방법 중 여러분은 어떻게 반응하는지 그리고 어떻게 반응하는 것이 좋을지 생각해보세요.

넌 그림을 잘 그리는구나?
사람의 움직임이 잘 나타나 있어서
생생하게 움직이는 것 같아.

기뻐하기
네가 그렇게 말해 줘서 기분이 좋아.

감사하기
고마워.

농담하기
내가 좀 잘 그리지?

동의하기
나도 그렇게 생각해.

거절하기
뭐 그 정도로 별거 아냐.

의문하기
정말이지?

유창한 법칙

 다음 칭찬에 어떻게 반응할지 써 보세요.

❶ 넌 운동을
정말 잘할 것 같아!

❷ 그 옷 너한테
너무 잘 어울려.
❸
와, 이름이
정말 예쁘구나!

4. 예쁜 말을 배웠어!

할아버지와 할머니가 우리 집에 며칠 머물러 계시기로 했다. 오후가 되자 날씨가 더워졌다. 나는 할머니를 모시고 공원에 산책하러 갔다. 햇볕이 따가웠다.

"더운데 우리 나무 그늘에서 좀 쉬었다 갈까?"

할머니와 함께 나무 아래에 있는 기다란 의자에 앉았다. 나무 그늘 때문인지 시원한 바람이 불어왔다.

"할머니, 바람이 참 시원하지요? 바람도 나무 그늘을 좋아하나 봐요."

"그래, 그렇구나. 바람도 우리처럼 햇살을 피해 잠시 쉬고 싶었나 보다."

할머니와 나는 의자에 앉아 가만히 위를 쳐다보았다. 나뭇잎들이 살랑살랑 흔들렸다.

"바람은 우리처럼 가만있지 못하고 나뭇잎과 장난치고 있는 것 같아요."

나는 그 말을 하고 배시시 웃었다.

"왜 웃니?"

"저도 가끔 수업시간에 가만히 있지 않고 자꾸 딴짓하는 게 바람 같다는 생각이 들었거든요."

내 말에 할머니도 재미있다는 듯 웃었다.

하늘을 쳐다보았다. 가느다란 눈썹 구름이 있었다.

"저 구름도 나무 그늘에서 쉬고 싶은가 봐요. 우리가 부러운지 눈을 흘기고 있는데요?"

"난 그래도 구름이 부러운데? 두둥실 어디든 갈 수 있으니까."

할머니가 소곤거리듯 작은 목소리로 말했다.

"가만히 눈을 감아 보세요. 그러면 구름이 될 테니까요."

"그래? 정말 그럴까?"

할머니는 웃으며 가만히 눈을 감았다. 정말 바람이라도 되는 듯 할머니의 입가에 엷은 미소가 걸렸다.

"할머니는 소녀 같으세요."

"그래? 어쩜 우리 주영이는 이렇게 예쁜 말만 골라서 할까?"

할머니의 손길이 바람처럼 내 머리를 쓰다듬었다.

술술 아나운서의 한마디

주영이가 예쁜 말을 하는 힘은 어디에서 나왔을까요? 바로 책을 많이 읽어 어휘력이 늘었기 때문이에요.

자기 생각을 상대방에게 제대로 표현하기 위해서는 어휘력을 길러야 해요. 머릿속의 생각을 제대로 표현하기 위해서는 꼭 필요하지요.

어휘력을 기르기 위한 가장 좋은 방법은 국어사전을 이용하는 거예요. 대화하거나 책을 읽다가 모르는 낱말이 있으면 국어사전을 찾아보세요. 그리고 국어사전에 적힌 풀이말을 읽다가 그 속에서 모르는 낱말이 있으면 또 국어사전에서 그 낱말을 찾아보는 거예요.

국어사전을 이용해서 '낱말 꼬리잡기'를 하는 것이지요. 그러다 보면 다른 사람에게 묻지 않아도 낱말의 뜻을 확실하게 이해할 수 있게 될 거예요.

이렇게 국어사전을 통해 더욱 많은 단어를 자신의 것으로 만들면 말하기와 글쓰기 활동을 할 때 많은 도움이 돼요. 그리고 어휘력이 늘어나면 지금보다 자기 생각을 분명하게 표현할 수 있게 된답니다.

비유적인 표현 사용하기

비유는 어떤 현상이나 사물을 직접 설명하지 않고 다른 비슷한 현상이나 사물에 빗대어서 설명하는 것이에요. 비유적인 표현을 사용하면 표현력이 풍부한 어린이가 될 수 있답니다.

❶ '~처럼' '~같은' 이라는 말을 사용하여 사물을 다른 것에 빗대어 표현해요.

예 천사같은 내 짝

❷ '~은 ~이다' 라고 빗대어 표현해요.

예 내 짝은 천사다.

❸ 살아 있지 않은 것을 살아 있는 것처럼 표현해요.

예 꽃을 간질이면 향기로 웃어요.

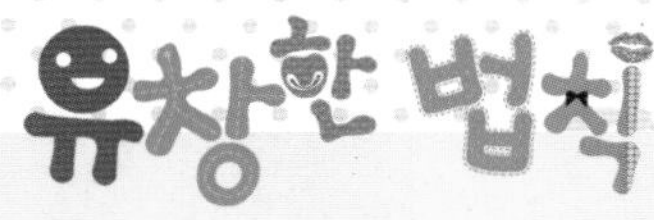

아름다운 우리말

다음 [ ] 안에 들어갈 아름다운 우리말을 찾아보세요.

보기

아라 : '바다'의 순우리말
가랑비 : 가늘게 내리는 비
시나브로 : 모르는 사이에 조금씩
아스라이 : 흐릿하고 아득하게
누리 : 세상을 뜻하는 말

❶ 산꼭대기에 쌓인 눈이 [ ] 녹아내렸다.

❷ [ ]에 배가 동동 떠다닌다.

❸ [ ] 멀어져 가는 친구의 뒷모습을 바라보았다.

❹ 풀잎이 [ ]에 맞아 살랑살랑 흔들거린다.

❺ 밝은 달빛이 [ ]에 펼쳐졌다.

정답 ❶ 시나브로 ❷ 아라 ❸ 아스라이 ❹ 가랑비 ❺ 누리

제가 회장이 되면
지금처럼 웃음이 넘치는
반으로 만들겠습니다.

5. 공손하지만 당당하게 말해!

“오늘 2학기 학급회장 선거를 하겠어요. 학급회장을 하고 싶은 어린이는 손을 들어 보세요.”

선생님의 말에 손을 번쩍 들었다. 다른 아이들도 몇몇 손을 들었다. 우리는 제비뽑기로 순서를 정해 선거 유세를 시작했다.

내 차례가 되었다.

“안녕하십니까? 저는 학급회장 선거에 나온 후보 문주영입니다. 저는 한 학기 동안 여러분과 생활하면서 많이 변했습니다. 부족했던 제가 이 자리에 설 수 있게 된 것은 모두 여러분 덕분입니다.”

그러자 아이들이 손뼉을 쳤다.

“그런데 제가 회장이 되면 여러분에게 햄버거를 사줄 수도 없고, 체육 시간에 공놀이만 할 수도 없습니다.”

내가 웃으며 말하자 아이들도 까르르 웃었다.

“하지만 제가 회장이 되면 지금처럼 웃음이 넘치는 반으로 만들겠습니다. 그리고 우리 반 친구들이 훌륭한 언어습관을 갖게 하여 여러 선생님과 부모님에게 칭찬받을 수 있는 반이 될 수 있도록 하겠습니다. 그리고 여러분을 위해 열심히 일하겠습니다."

존댓말을 쓰면서 아이들도 웃겨가며 자신감 있게 말했다.

"여러분, 저와 함께 즐거운 반을 만들어보지 않으시겠습니까? 기억해 주십시오. 여러분 모두를 회장으로 만드는 회장 후보 문주영이었습니다. 여러분의 소중한 한 표를 부탁합니다. 감사합니다."

꾸벅 인사를 하고 들어가자 아이들의 박수가 울려 퍼졌다.

아이들의 소견 발표와 개표가 끝날 때까지 나는 가슴이 콩닥콩닥거렸다. 하지만 마지막 개표가 발표되는 순간 내 입가에는 미소가 지어졌다.

"회장은 문주영!"

선생님의 발표에 '야호!' 하는 소리가 목구멍에서 멈추었다. 하지만 눈은 이미 환하게 소리치고 있었다.

나는 앞으로 나가 당선 인사를 했다.

"저를 선택해 주신 한 명 한 명의 친구 여러분께 다시 한 번 깊이 감사드립니다. 제가 말한 웃음이 넘치고 올바른 언어습관을 가진 반이 될 수 있도록 실천하며, 한 학기 동안 결코 여러분에게 실망을 주지 않는 회장이 될 것을 굳게 약속드립니다. 감사합니다."

술술 아나운서의 한마디

주영이가 소견 발표와 회장 당선 인사를 당당하게 잘했어요. 이렇게 여러 사람 앞에서 소견발표를 하거나 회장 당선 인사를 하는 상황을 공식적인 상황이라고 해요.

학교에서 교장 선생님이 훈화를 하거나 격려사를 하는 것, 장기 자랑에서 사회를 보는 것도 공식적인 상황이라고 할 수 있어요. 한편, 부모님이나 친구에게 말을 하는 경우는 비공식적인 상황이지요.

공식적인 상황은 대부분 많은 사람 앞에서
말하는 경우가 많아요. 그래서 상대방의 입장과 내 입장을
잘 생각하여 높임말을 쓰고 정중하게 표현해야 하지요.
그리고 시작할 때와 마무리할 때 하는 인사말도 해야 해요.

여러분도 여러 사람 앞에서 바르게 말하는 자세를 익혀, 공식적인 상황에서 당당하게 말하는 멋진 어린이가 되어 보세요.

공식적인 상황에서 발표하기

1. 발표하기 전에

❶ 준비를 철저히 하여, 머릿속으로 자기가 이야기할 내용의 지도를 그리세요.

❷ 앞에 나가기 전에 심호흡과 어깨를 흔들며 긴장을 풀어주세요.

❸ '나는 모든 준비를 잘해서 잘할 수 있다' 라고 자기 주문을 거세요.

❹ 가슴을 펴고 바른 자세로 서서 친구들의 눈을 바라보세요.

2. 발표하면서

❶ 인사를 한 뒤 발표를 시작하세요.

❷ 한 마디 한 마디 분명하게 발음하고, 강조하고 싶은 곳은 좀 더 큰 소리로 말하세요.

❸ 적절한 표정과 손동작 등의 몸짓을 하세요.

❹ 중요한 이야기를 강조하거나 친구들이 잘 이해하지 못할 때는 천천히 말하고, 친구들이 이야기에 흥미를 잃을 것 같으면 말의 속도를 빠르게 말하세요.

3. 발표를 마치며

정중하고 밝은 웃음을 띠며 인사를 하세요.

공식적인 상황에서 어떻게 말할까?

처음

❶ "안녕하십니까?" 라고 인사말을 하며 행사 이름을 소개해요.
❷ 사회를 보는 사람의 학년과 이름을 밝혀요.

가운데

❸ 듣는 이와 관련된 내용을 말해요.
❹ 주요 내용을 간략하게 요약해서 말해요.

끝

❺ 부탁이나 당부의 내용을 말하며 '감사합니다' 와 같은 인사말을 해요.

처음

안녕하십니까? 지금부터 학급 장기자랑을 시작하겠습니다.
저는 오늘 사회를 맡은 문주영입니다.

가운데

오늘 저희는 평소 갈고닦은 실력으로 여러 가지 프로그램을 준비하였습니다.
1모둠은 태권무, 2모둠은 리코더 합주, 3모둠은 연극, 4모둠은 최신 댄스,
5모둠은 개그 콘서트를 보여 드리려고 합니다.

끝

진행되는 동안 아낌없는 박수를 부탁드립니다. 감사합니다.

초판 4쇄 2018년 10월 5일
초판 1쇄 2013년 1월 20일

글 박신식 | **그림** 강주연

펴낸이 정태선
펴낸곳 파란정원(자매사 책먹는아이) | **출판등록** 제395-2010-000070호
주소 서울시 서대문구 모래내로 464 2층(홍제동) | **전화** 02-6925-1628 | **팩스** 02-723-1629
제조국 대한민국 | **사용연령** 8세 이상
홈페이지 www.bluegarden.kr | **전자우편** eatingbooks@naver.com
종이 다올페이퍼 | **인쇄** 조일문화인쇄사 | **제본** 선명

ISBN 978-89-94813-33-2 63710
이 도서의 국립중앙도서관 출판시도서목록(CIP)은 e-CIP 홈페이지(http://www.nl.go.kr/ecip)에서
이용하실 수 있습니다.(CIP제어번호: CIP2013000185)